初級モンゴル語

塩谷 茂樹 著
E.プレブジャブ

大学書林

前書き

モンゴルと言えば,「草原の国」,「青い空の国」,「チンギスハーン」,「馬頭琴」,「ゴビ砂漠」,「蒙古斑」,「遊牧」など,様々なことが連想されるが,それはどれも日本人の心に何らかのモンゴルに対する一種のあこがれや親しみをいだかせるようである。

モンゴルは,1990年代初頭,70年あまり続いた社会主義体制にピリオドを打ち,新たに民主主義国家,「モンゴル国」として生まれ変わった。その結果,日本とモンゴルとの関係は,従来の「近くて遠い国」から「近くて近い国」へと確実に移行している。

折りしも両国の関係が良好であるこの時期に,モンゴル語の学習者の数が急増しているのも,これまた当然のことである。

本書は,昨今のこうした状況を考慮し,しかもモンゴル語を初級から独習できるよう十分配慮し,作成されたものである。

本書の特徴は次の五点である。

1. まず,0. 序（удиртгал）は,主にモンゴル語の文字と発音に関する説明である。さらに,1から20までの各課は,会話（яриа）またはテキスト（текст）,訳（орчуулга）,語句（үг хэллэг）,説明（тайлбар）,及び練習（дасгал）の五段階から成り,会話とテキストはそれぞれ交互に来るよう構成してある。
2. 説明（тайлбар）の部分は,主に文法に関するものが中心だが,一部,特殊語彙に関するもの(例えば,家畜名称,身体器官名称,色彩語彙,人の性質を示す表現など)も含んでいる。特に文法においては,数多くの点で従来の文法の枠組みにとらわれず,できるだけ斬新に,しかも簡潔に記述するよう努めた。
3. 各課の最後に,練習（дасгал）を付し,その課の説明（тайлбар）の内容が十分理解できたかどうか,各自がチェックできるよう工夫してある。

4. 語句（үг хэллэг）の部分は，あくまでも会話（яриа）・テキスト（текст）の部分に限り，新出語句を抽出し作成したものであり，その他の説明（тайлбар），練習（дасгал）などに対しては，何ら語彙集は作成していない。これに関しては，それぞれ本文と巻末の日本語訳を参考にしていただくか，あるいは市販のモンゴル語辞典を利用されることをぜひお薦めしたい。
5. 各課の冒頭には，その課のタイトルもしくは内容に何らかの関係があると思われるモンゴルの有名な諺を掲げた。また，各課の最後には，十二支"арван хоёр жил"と八吉祥"найман тахил"（仏教における縁起の良い八つのシンボル）の図と解説を，それぞれ1課から12課と，13課から20課に収めた。

なお，本書は原則として会話・テキストの部分をE. プレブジャブが，その他の序，訳，語句，説明，練習，諺などの部分を塩谷が執筆担当したが，詳細に関しては，そのつど両者で話し合って決定した。

最後に，本書の出版に際し，始終暖かく見守り励ましてくださった大学書林社長，佐藤政人氏に対し，また手書き原稿をコンピューターに入力し協力してくれた大阪外国語大学，大学院博士後期課程の横田幸長君にも，ここに記して心から感謝の意を表したい。

モンゴルの諺いわく，

Санаж явбал бүтдэг　　思って行けば実現する
Сажилж явбал хүрдэг　　ゆっくり行けば到着する

人間，何事もやってやれないことはないものである。

2001年1月11日

大阪外国語大学アジアI講座モンゴル語

塩谷茂樹（Shigeki SHIOTANI）
E. プレブジャブ（Э.ПҮРЭВЖАВ）

目次 (гарчиг)

会話・テキスト (яриа, текст)

0. УДИРТГАЛ (序) ……………………………………… 1
1. ТАНИЛЦАХ (知り合う) ……………………………… 11
2. МАНАЙХАН (私の家族) ……………………………… 16
3. РЕСТОРАН (レストラン) …………………………… 22
4. МОНГОЛ ОРОН (モンゴル国) ……………………… 31
5. ДЭЛГҮҮР (店) ………………………………………… 40
6. АЯЛАЛ ЖУУЛЧЛАЛ (観光) ………………………… 46
7. СУРГУУЛЬ (学校) …………………………………… 53
8. УЛААНБААТАР (オランーバータル) ……………… 61
9. ҮЙЛЧИЛГЭЭ (サービス) …………………………… 68
10. МАЛ АЖ АХУЙ (牧畜) ……………………………… 77
11. ЭМНЭЛЭГ (病院) …………………………………… 85
12. ҮГЭН ТОГЛООМ (言葉遊び) ……………………… 96
13. СПОРТ (スポーツ) ………………………………… 107
14. ДӨРВӨН УЛИРАЛ (四季) ………………………… 117
15. ҮЗВЭР (娯楽) ……………………………………… 129
16. ЦАГААН САР (旧正月) …………………………… 140
17. ОНГОЦНЫ БУУДАЛ (空港) ……………………… 151
18. ХӨХӨӨ НАМЖИЛЫН ДОМОГ (フフー・ナムジル の伝説) ……………………………………………… 160
19. ЗАХИДАЛ I, II (手紙 I, II) ……………………… 182
20. МОНГОЛ ЁС ЗАНШЛААС (モンゴルの習慣から) 198

説明 (тайлбар)

1. 疑問助詞 (асуух сул үг) …………………… 14
   疑問代名詞 (асуух төлөөний нэр) …………… 14
2. 人称代名詞 (биеийн төлөөний нэр) ………… 19
   親族名称 (ураг төрлийн нэр) について ……… 20
3. 名詞の格語尾 (нэрийн тийн ялгал) ………… 26
   若干の動詞表現 (үйл үгийн зарим төгсгөл) … 28
4. 動詞の主要語尾 (үйл үгийн гол нөхцөл) …… 35
   数詞 (тооны нэр) ……………………………… 36
5. 名詞の複数接尾辞 (нэрийн олон тооны дагавар) …… 43
   若干の動詞表現及びその他の文法事項 ………… 44
6. 動詞の連用語尾 (нөхцөл үйлийн нөхцөл) …… 49
   時 (цаг хугацаа) を示す語について …………… 50
7. 動詞の連体語尾 (үйлт нэрийн нөхцөл) ……… 56
   外来語 (зээлдсэн үг) について ………………… 57
8. 数詞 (-н のない形)＋概数後置詞＋名詞 ……… 64
   モンゴル語の方位・方角 (зүг чиг) について … 65
9. 動詞の態 (үйл үгийн хэв) …………………… 72
   モンゴル語の授受表現《～してもらう》について … 73
10. 高位数詞 (их тооны нэр), 分数 (бутархай тоо),
    小数 (аравтын бутархай) ……………………… 81
    五畜 (таван хошуу мал) について …………… 82
11. 再帰所有語尾 (ерөнхийлөн хамаатуулах нөхцөл) … 91
    身体器官名称 (биеийн эрхтний нэр) について … 93
12. モンゴル語の文の構造 (өгүүлбэрийн бүтэц) … 102
    複文 (хавсарсан нийлмэл өгүүлбэр) ………… 103
13. 動詞のアスペクト (үйл үгийн байдал) …… 112
    主なオリンピック競技種目 (олимпийн гол төрлүүд) に

	ついて	114
14.	モンゴル語の連語（хоршоо үг）	123
	モンゴルの四季の歌（《Дөрвөн улирлын өнгө》）	125
15.	モンゴル語の主な文末助詞（өгүүлбэр төгсгөх сул үг）	134
	所属名詞 -x, -хан⁴ について	135
	程度を弱める接尾辞 -втар⁴, -дуу² について	137
16.	序数詞（дэс тоо），集合数詞（хам тоо），概数詞（тойм тоо）	145
	モンゴル語の色彩語彙（өнгө）について	147
17.	反問・自問の意を表示する疑問助詞（асуух сул үг）	156
	意味の強勢（утгын өргөлт）による長母音化	157
18.	名詞類（名詞・形容詞）から名詞類を派生する接尾辞（нэрээс нэр үг бүтээх дагавар）	173
	動詞類から名詞類（名詞・形容詞）を派生する接尾辞（үйлээс нэр үг бүтээх дагавар）	176
19.	名詞類（名詞・形容詞）から動詞類を派生する接尾辞（нэрээс үйл үг бүтээх дагавар）	191
	不変化詞類から動詞類を派生する接尾辞（сул үгээс үйл үг бүтээх дагавар）	193
20.	人の性質（мөс чанар）を示す表現について	205
	モンゴル人の名前（хүний нэр）について	207

練習（дасгал）の解答例（日本語訳付き） ……… 211

各課冒頭に掲げたモンゴルの諺の説明 ……… 224

☆本書にはカセットテープ(別売)が用意されています。
　ご活用ください。

Ажил хийвэл дуустал
Давс хийвэл уустал

仕事をすれば終わるまで
塩を入れれば溶けるまで

0. Удиртгал (序)

0. モンゴル語とは

　ここで言うところのモンゴル語とは，原則としてモンゴル国(Mongolia)の標準語であり，1941年以後，キリル文字表記による正書法の確立したモンゴル語・ハルハ方言(Khalkha Mongolian)を指すものである。

　モンゴル語・ハルハ方言の話者は，現在モンゴル国で220万人余りだが，この言葉は中国の内モンゴル自治区を中心に話される，いわゆるモンゴル語・内モンゴル方言(Inner Mongolian, 推定350万人余りの話者を持つ)とは，一つの言語に属する方言の関係にあり，両者のコミュニケーションは比較的容易である。また，ロシア連邦では，同じモンゴル系言語に属するブリヤート語(Buryad)やカルムィク語(Kalmyk)が話されている。

　モンゴル語は，語順や語派生方法など，文法的には日本語と類似している点が多い一方，母音の数が日本語より2つ多いこと，またл (l)とр (r)の区別があることなど，特に発音面で若干困難な点もあるが，概して言えば，日本人にとっては比較的学習しやすい言語である。

1. モンゴル語のアルファベット (цагаан толгой)

キリル文字表記によるモンゴル語のアルファベットは次のようである。

	ブロック体 (дармал)	筆記体 (бичмэл)	発音 (дуудлага)	ローマ字転写 (галиг)
1.	А а	*А а*	ア	a
2.	Б б	*Б б*	ペ	b
3.	В в	*В в*	ウェ	w
4.	Г г	*Г г*	ゲ	g
5.	Д д	*Д д*	デ	d
6.	Е е	*Е е*	イェ	ye
7.	Ё ё	*Ё ё*	ヨ	yo
8.	Ж ж	*Ж ж*	ジェ [dʒ]	j
9.	З з	*З з*	ゼ [dz]	z
10.	И и	*И и*	イ	i
11.	й	*й*	イ	i
12.	К к	*К к*	カ	k
13.	Л л	*Л л*	エル	l
14.	М м	*М м*	エム	m
15.	Н н	*Н н*	エヌ	n
16.	О о	*О о*	オ [ɔ]	o
17.	Ө ө	*Ө ө*	オゥ [ɵ]	ö
18.	П п	*П п*	ペ	p
19.	Р р	*Р р*	エル	r
20.	С с	*С с*	エス	s
21.	Т т	*Т т*	テ	t
22.	У у	*У у*	オ [o]	u
23.	Ү ү	*Ү ү*	ウ [u]	ü
24.	Ф ф	*Ф ф*	フェ	f
25.	Х х	*Х х*	ハ	kh
26.	Ц ц	*Ц ц*	ツェ [ts]	ts
27.	Ч ч	*Ч ч*	チェ [tʃ]	ch
28.	Ш ш	*Ш ш*	イシ [ʃ]	sh
29.	Щ щ	*Щ щ*	イシチェ	shch
30.	ъ	*ъ*	(硬音符)	
31.	ы	*ы*	ウィ	yi
32.	ь	*ь*	(軟音符)	
33.	Э э	*Э э*	エ	e
34.	Ю ю	*Ю ю*	ユ	yu
35.	Я я	*Я я*	ヤ	ya

2

2. 文字の練習（үсгийн дасгал）
次の単語を実際に書いて練習しなさい。

а	:	ах《兄》	,	нар《太陽》
б	:	бар《トラ》	,	бөмбөг《ボール》
в	:	ваар《かわら》	,	эвэр《角》
г	:	гал《火》	,	иргэн《市民》
д	:	дал《70》	,	нүд《目》
е	:	ес《9》	,	үер《洪水》
ё	:	ёс《慣習》	,	соёл《文化》
ж	:	жар《60》	,	ээж《お母さん》
з	:	зун《夏》	,	эзэн《主人》
и	:	их《大きい》	,	би《私》
й	:	сайн《良い》	,	ой《森》
к	:	кино《映画》	,	цирк《サーカス》
л	:	лаа《ろうそく》	,	сүүл《尾》
м	:	мод《木》	,	ам《口》
н	:	ном《本》	,	хана《壁》
о	:	ор《ベッド》	,	гол《川》
ө	:	өндөг《卵》	,	мөс《氷》
п	:	пянз《レコード》	,	япон《日本》
р	:	радио《ラジオ》	,	гэрэл《光》
с	:	сар《月》	,	улс《国》
т	:	тал《草原》	,	хот《都市》
у	:	ус《水》	,	гутал《靴》
ү	:	үс《毛》	,	сүм《寺》
ф	:	фото《写真》	,	кофе《コーヒー》
х	:	хар《黒い》	,	үхэр《牛》
ц	:	цас《雪》	,	орц《入口》
ч	:	чоно《狼》	,	эгч《姉》
ш	:	шар《黄色の》	,	багш《先生》
ъ	:	явъя《行こう》	,	харъя《見よう》
ы	:	таны《あなたの》	,	аавын《お父さんの》
ь	:	морь《馬》	,	харья《帰ろう》
э	:	эм《薬》	,	гэр《家》
ю	:	юм《物》	,	аюул《危険》
я	:	яс《骨》	,	баяр《喜び》

3. 母音（эгшиг）について

3.1. 短母音（богино эгшиг）
モンゴル語は次の7つの基本母音（үндсэн эгшиг）をもつ。

   а , о , у / э , ө , ү / и
   [a] [ɔ] [o]   [e] [θ] [u]   [i]

〈例〉
ах《兄》 , хол《遠い》 , ус《水》
эх《母》 , хөл《足》 , үс《毛》
их《大きい》

母音調和の法則（эгшиг зохицох ёс）
 モンゴル語には，〈同一形態内における母音の配列に関する制限〉，つまり母音調和の法則があり，上述した7つの基本母音は次の3つのクラスに分類される。

男性母音 (эр эгшиг)	女性母音 (эм эгшиг)	中性母音 (саармаг эгшиг)
а, о, у	э, ө, ү	и

 すなわち，男性母音（а, о, у）と女性母音（э, ө, ү）は，同一語幹内において共存することはなく，また中性母音（и）は，男女いずれの母音とも共存しうるという法則である。
 また，文法的には便宜上，男性母音から成る語を男性語（эр үг），女性母音から成る語を女性語（эм үг）と呼ぶが，中性母音だけから成る語は女性語扱いされる。

〈例〉
  оюутан《学生》（男性母音だけ → 男性語）
  улирал《季節》（男性母音＋中性母音 → 男性語）
  өгүүлэл《論文》（女性母音だけ → 女性語）

хөгжим《音楽》(女性母音＋中性母音 → 女性語)
бичиг《文字》(中性母音だけ → 女性語)

なお，この法則は単に語幹内にとどまらず，語幹に語尾(名詞の格語尾・動詞語尾)や接尾辞(語派生接尾辞)を接続する際に，最も効果的に適用されることに注意されたい。

〈例〉
- -аас[4] (-аас/-ээс/-оос/-өөс)
→ 名詞の奪格語尾《～から，～より》
ахаас (*ахээс)[1]《兄から》(< ах《兄》)
эгчээс (*эгчаас)《姉から》(< эгч《姉》)
охиноос (*охинөөс)《娘から》(< охин《娘》)
өвгөнөөс (*өвгөноос)《老人から》(< өвгөн《老人》)

- -сан[4] (-сан/-сэн/-сон/-сөн)
→ 動詞の過去・連体語尾《～した》
авсан (*авсэн)《取った》(< ав-《取る》)
эрсэн (*эрсан)《捜した》(< эрэ-《捜す》)
орсон (*орсөн)《入った》(< оро-《入る》)
өгсөн (*өгсон)《与えた》(< өг-《与える》)

3.2. 長母音 (урт эгшиг)

аа	,	оо	,	уу	/	ээ	,	өө	,	үү	/	ий
[aː]		[ɔː]		[oː]		[eː]		[θː]		[uː]		[iː]

〈例〉
бараа《品物》, бороо《雨》, буруу《間違った》
бээр《膿》, бөөр《腎臓》, бүүр《全く》
бийр《筆》

注1) ＊は不適格を示す。以下同様。

3.3. 二重母音（хос эгшиг）

  ай , ой , уй / эй , үй
  [ai] [ɔi] [oi] [ei] [ui]

〈例〉

сайхан《美しい》, орой《(時間が)遅い》, харанхуй《暗い》
хэрэгтэй《必要な》, хүйтэн《寒い》

3.4. 補助母音（туслах эгшиг）

  я , ё , е , ю , ы , й
  [ja] [jɔ] [je][jɵ] [ju][jo] [ji] [i]

〈例〉

яс《骨》, ёс《慣習》, ер [jer]《90》, ес [jɵs]《9》, юм [jum]《物》,
юунд [jond]《どうして》, таны《あなたの》, ой《森》

4. 子音（гийгүүлэгч）について
 子音文字の調音点及び調音方法はおおむね次のようである。

	唇	舌		
		前面		後面
破裂音	п, б	т, д		к, г
摩擦音	ф, в	с	ш	х
破擦音		ц, з	ч, ж	
鼻音	м	н		н(г)
ふるえ音		р		
側音		л		

5. 発音上注意すべき事柄（дуудлагын талаар анхаарууштай зүйлүүд）

5.1. 4つの円唇母音（уруулын эгшиг）について

モンゴル語の基本母音の数は日本語より2つ多いが，特に厄介なのが4つの円唇母音の発音である。このうち，比較的容易なのが ү [u] と y [o] であるが，残りの2つの円唇母音，すなわち o [ɔ] と ө [θ] は特に注意を要する。ポイントは，y [o] の発音を基準にして，それより口の中を大きく開けて，つまり舌の位置を下げて発音するのが o [ɔ] であり，また y [o] の位置から口の形をそのままにしてやや前寄りに移動させて発音するのが ө [θ] である。いずれにせよ，この o と ө の発音の克服が大きな鍵となる。

中舌	後舌	
	ү [u]	高
ө [θ] ←	y [o] ↓ o [ɔ]	中

(1) 男性母音　y：o
(2) 女性母音　ү：ө

〈例〉

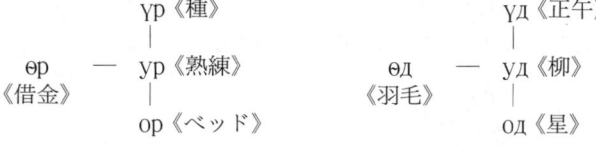

5.2. 子音 л と р について

この2つの子音を正しく発音し分けることができるよう何度も訓練することが大切である。ポイントは，舌先を歯茎の後ろにあてて，息を口の両側から強く押し出すように発音するのが л，また舌先を強く何度も震わせて発音するのが р である。つまり，両者の違いは，л は舌先が静止した状態にあるのに対し，р は舌先が震えている点にある。

〈例〉

- гал《火》　　／ гар《手》
- холбоо《関連》／ хорвоо《世の中》

- дэл《たてがみ》──── дэр《枕》
  │ │
  дээл《モンゴル服》──── дээр《上に》

- уул《山》──── уур《蒸気，怒り》
  │ │
  үүл《雲》──── үүр《巣》

特に発音が困難な例に次のものがある。
- баярлалаа [bajārlāla:]《有難とう》
- улирал [olirāl]《季節》
- залруулга [dzalāro:lāɢ]《訂正》

5.3. 子音 г の発音について

子音 г は，女性語の中では[g]，すなわち日本語の「ガ」行の音だが，男性語の中では [ɢ]であり，これは日本語にない音なので，特に注意を要する。すなわち，この音を正しく発音するポイントは，口の奥を大きく開いて，「ガ」行の音よりもさらに喉の奥で発音することである。

$$г < \begin{array}{l}[ɢ] \,/\_\, 男性語 \\ [g] \,/\_\, 女性語\end{array}$$

〈例〉
- гар [ɢar]《手》/ гэр [ger]《家》
- гадас [ɢadās]《杭》/ гэдэс [gedēs]《腸》
- алга [alāɢ]《掌》/ элэг [elēg]《肝臓》

その他，男性語の гайгүй《大丈夫だ》，гол《川》，монгол《モンゴル》なども同様である。

5.4. 子音 х の発音について

子音 х は，女性語の中では[x]，すなわち「カ」行の摩擦音だが，男性

語の中では[x]であり，口の奥を大きく開いて，[x]よりもさらに喉の奥で強く摩擦させて発音する音である。

$$x < \begin{matrix} [x] \ / \_ \text{男性語} \\ [\text{x}] \ / \_ \text{女性語} \end{matrix}$$

〈例〉
- хад [xad]《岩》/ хэд [xed]《いくつ》
- хол [xɔl]《遠い》/ хөл [xəl]《足》
- ах [ax]《兄》/ эх [ex]《母》

その他，男性語の хар《黒い》, хор《毒》, хуруу《指》なども同様である。

5.5. 子音 г が男性語の語末で短母音をもつか否かについて

子音 г が男性語の語末で短母音を持たない場合は，[g]の音，つまり日本語の「ガ」行の音で，また短母音をもつ場合は，それよりもさらに喉の奥で破裂させる[ɢ]の音で発音するという違いがあるので，発音の際，注意を要する。

$$г < \begin{matrix} [g] \ / \ \text{-V}г \\ [\text{ɢ}] \ / \ \text{-}гV (ただし V は男性母音) \end{matrix}$$

〈例〉
- баг [bag]《チーム》/ бага [baɢ]《小さい》
- алаг [alāg]《まだらの》/ алга [alāɢ]《掌》
- булаг [bolāg]《泉》/ булга [bolāɢ]《ミンク》

その他，男性語の語末に短母音を有する аяга《茶碗》, арга《方法》, хутга《ナイフ》なども同様である。

5.6. 子音 н が語末で短母音をもつか否かについて

子音 н が語末で短母音をもつ場合は，舌先の[n]の音で，また短母音をもたない場合は，喉の奥の[ŋ]の音で発音するという違いがあるので，これまた注意を要する。両者の違いは，発音する際，[n]は口が閉じ気味の

状態にあるのに対し，[ŋ]は口の中が開いた状態にある点にある。

$$н < \begin{matrix} [n] / \text{-}нV \\ [ŋ] / \text{-}Vн \end{matrix}$$

〈例〉
- хаана [*xa*ːn]《どこに》/ хаан [*xa*ːŋ]《汗，王様》
- өнө [өn]《久しく》/ өн [өŋ]《豊かな》
- энэ [en]《これ》/ эн [eŋ]《幅》

その他，語末に短母音を有する хана《壁》，чоно《狼》，шинэ《新しい》なども同様である。

5.7. 軟音符（зөөлний тэмдэг）ь について

軟音符 ь は，男性語の若干の子音に接続し，その子音を口蓋化させる（日本語の拗音に相当し，「イ」の音色を添える）と同時に，また単語の意味を区別する働きもある。

〈例〉
- ам [am]《口》/ амь [æmʲ]《生命》
- тав [taw]《5》/ тавь [tæwʲ]《50》
- хор [*x*ɔr]《毒》/ хорь [*x*œrʲ]《20》

その他，аль《どれ》，хонь《羊》，тоть《おうむ》なども同様である。

Нэг өдөр танилцаж
Мянган өдөр нөхөрлөнө

1. ТАНИЛЦАХ

Даян : Сайн байна уу ?

Тароо : Сайн. Сайн байна уу ?

Даян : Та хаанаас ирсэн бэ ?

Тароо : Би Японоос ирсэн.

Даян : Чухам хэзээ ирсэн юм бэ ?

Тароо : Өчигдөр орой ирсэн.

Даян : Та монгол хэлээр сайн ярина биз дээ.

Тароо : Бага зэрэг л ярьдаг.

Даян : Аа тийм үү ? Та ямар ажил хийдэг вэ ?

Тароо : Би оюутан. Одоо монгол хэл сурч байна.

Даян : За сайхан танилцлаа.

Тароо : Тэглээ. Дараа уулзацгаая.

Даян : Бололгүй яах вэ.

Тароо : Баяртай.

Даян : Баяртай.

一日知り合い
千日友となる

訳（орчуулга）

1. 知り合う

ダヤン：今日は。

太郎　：今日は。

ダヤン：どこから来られましたか。

太郎　：僕は日本から来ました。

ダヤン：いつ来られたのですか。

太郎　：きのうの晩来ました。

ダヤン：モンゴル語は上手に話せるんでしょ？

太郎　：少しだけ話せます。

ダヤン：ああ，そうですか。お仕事は何ですか。

太郎　：学生です。モンゴル語を勉強しています。

ダヤン：今後ともよろしく。

太郎　：こちらこそ。またお会いしましょう。

ダヤン：もちろんですとも。

太郎　：さようなら。

ダヤン：さようなら。

語句（үг хэллэг）

I. 名詞類

сайн 良い，元気な；上手な
та あなた（2人称・単数・尊称）
хаанаас どこから
　（< хаана《どこ》）
япон 日本
чухам 一体
хэзээ いつ
өчигдөр 昨日
орой 晩，夕方
монгол モンゴル
хэл 言葉，語
бага зэрэг 少し

тийм そのような
ямар どんな
ажил 仕事
би 私（1人称・単数）
оюутан 学生（通常，大学生を指す）
одоо 今，現在
сайхан 立派に，良く
дараа 後で，今度
баяртай さようなら
　（< баяр《喜び》+ -тай《～をもって》）

II. 動詞類

танилца- 知り合う
бай- ある，いる
ирэ- 来る
яри- 話す
хий- する；作る
сур- 学ぶ

тэгэ- そうする
уулзацгаа- 共に会う（< уулза-《会う》，-цгаа- は複数の動作）
бол- よろしい

III. その他

уу（～үү），вэ（～бэ） ～か
　（疑問助詞）
юм ～である
биз дээ ～でしょうね？（聞き手に同意を求める文末助詞）

л ～だけ（強調助詞，直前の語を強調する）
-лгүй яах вэ もちろん～する
　（"～しないでどうするか"が原義）

説明 (тайлбар)

Ⅰ. 疑問助詞 (асуух сул үг)

1. Yes-No 疑問文 (疑問詞のない文)

疑問助詞	語末の音声環境	
-уу	男性語	その他
-үү	女性語	
-юу	男性語	長母音・二重母音
-юү	女性語	で終わる語の後で

2. Wh 疑問文 (疑問詞のある文)

疑問助詞	語末の音声環境
-вэ	その他
-бэ	л, м, н で終わる語の後で

Ⅱ. 疑問代名詞 (асуух төлөөний нэр)

хэзээ	《いつ》	時をたずねる
хаана	《どこ》	場所をたずねる
хэн	《だれ》	人をたずねる
юу	《何》	物をたずねる
аль	《どれ, どの》	選択をたずねる
ямар	《どんな》	性質をたずねる
хэд(эн)	《いくつ》	数をたずねる

練習 (дасгал)

Ⅰ. 次のかっこの中に適する疑問助詞を入れなさい。
1. Энэ ном (　　　　　)？
2. Энэ дэвтэр (　　　　　)？
3. Энэ харандаа (　　　　　)？
4. Энэ ширээ (　　　　　)？
5. Энэ юу (　　　　　)？
6. Энэ хэн (　　　　　)？

юү , бэ , уу , юу , үү , вэ

Ⅱ. 次のかっこの中に適する疑問代名詞を入れなさい。
1. Тэр (　　　　　) өнгөтэй вэ？
2. Дорж (　　　　　) аймгийн хүн юм бэ？
3. Чи (　　　　　) суудаг вэ？
4. Сая намайг (　　　　　) дуудсан бэ？
5. Та дэлгүүрээс (　　　　　) авсан бэ？
6. Тэд (　　　　　) Монголд очих вэ？
7. Та (　　　　　) настай вэ？

юу , хэзээ , хэдэн , ямар , аль , хэн , хаана

Эрдэнийн зүйлээр бөөлжөөд
　　　　　　　　　байдаг
Эрүү цагаан хулгана нэгэн жил
　宝物を吐き出でたる
　あご白き鼠, 第一の年

ХУЛГАНА (鼠 / 子)

Ганц мод гал болдоггүй
Ганц хүн айл болдоггүй

2. МАНАЙХАН

Манайх ам бүл тавуулаа. Намайг Сүрэн[2] гэдэг. Би хорин нэгэн настай. Одоо их сургуулийн оюутан. Аавыг минь Баатар гэдэг. Миний аав хотын захиргаанд ажилладаг. Тэр одоо дөчин найман настай. Миний ээжийг Долгор гэдэг юм. Ээж минь дөчин зургаан настай. Надад хоёр эрэгтэй дүү бий. Том дүү минь дунд сургуульд сурдаг. Бага дүү минь энэ жил бага сургуулийн нэгдүгээр ангид элсэн орсон.

注2) 現代モンゴル語では，人名，地名，国名など固有名詞の始めは大文字で書く。

一本の木は火にならない
一人の人は家族にならない

訳（орчуулга）

2. 私の家族

　うちは5人家族です。僕はスレンと言います。21歳です。現在大学生です。父はバータルと言います。市役所に勤めています。現在48歳です。母はドルゴルと言います。46歳です。僕には弟が2人います。上の弟は中学校で勉強しています。下の弟は今年,小学校の1年に入学しました。

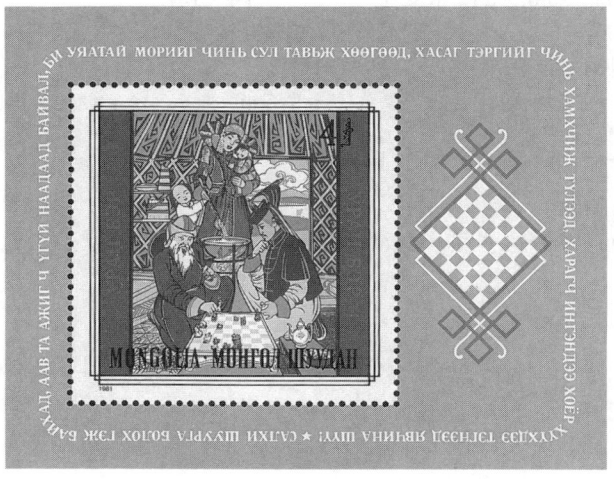

語句 (үг хэллэг)

Ⅰ. 名詞類
 манайхан, манайх　私の家族
 ам бүл　家族
 тавуулаа　5人で(< тав《5》+ -уулаа (集合数詞))
 намайг　私を(би《私》の対格)
 настай　～歳の(< нас《年齢》+ -тай《～をもった》)
 сургууль　学校
 　их ～　大学, дунд ～　中学校, бага ～　小学校
 аав　父
 миний　私の(би《私》の属格)
 хотын захиргаа　市役所
 (< хот《市, 町》, захиргаа(н)《行政機関》)
 тэр　彼, 彼女；それ, あれ(3人称・単数)
 ээж　母
 надад　私に(би《私》の与位格)
 эрэгтэй　男, 男性
 дүү　年下の兄弟(弟または妹)
 том　大きな
 бага　小さな
 энэ　これ, この
 жил　年
 анги　学年

Ⅱ. 動詞類
 гэ-　言う
 ажилла-　働く
 бий　ある, いる(ただし変化しない)
 элсэн оро-　入る

Ⅲ. その他
 минь　私の(1人称・単数の人称所有語尾)

説明 (тайлбар)

Ⅰ. 人称代名詞 (биеийн төлөөний нэр)

1. モンゴル語の人称代名詞の体系は次のようである。

	単数	複数
1人称	би《私》	бид《私たち》
2人称	чи《君, あなた》 та [尊称]《あなた》	та нар 《あなたたち》
3人称	энэ [近称]《これ》 тэр [遠称] 《それ, あれ/彼, 彼女》	эд《これら》 тэд 《彼ら, 彼女ら》

2. 人称代名詞において所属,所有《～の》の意を表すには,人称代名詞の属格(名詞に前置するタイプ)を用いる場合と,その弱化形である人称所有語尾(名詞に後置するタイプ)を用いる場合の2通りがある。

a. 人称代名詞の属格 (～＋名詞)

	単数	複数
1人称	миний《私の》	бидний [包括形] манай [排除形] 《私たちの》
2人称	чиний《君の, あなたの》 таны [尊称]《あなたの》	та нарын 《あなたたちの》
3人称	үүний《この》 ～энэний [口語] түүний ～тэрний [口語] 《その, あの/彼の, 彼女の》	эдний《これらの》 тэдний 《彼らの, 彼女らの》

b．人称所有語尾（名詞＋〜）

	単数	複数
1人称	минь《私の》	маань《私の，私たちの》
2人称	чинь《君の，あなたの》	тань《あなたの》
3人称	нь《その，彼の，彼女の／彼らの，彼女らの》	

II．親族名称（ураг төрлийн нэр）について

男	女
өвөг аав《祖父》 〜өвөө［口語］	эмэг ээж《祖母》 〜эмээ［口語］
аав《父》	ээж《母》
нөхөр《夫》	эхнэр《妻》 〜авгай［口語］
хүү《息子》	охин《娘》
ах《兄》	эгч《姉》
бүстэй эрэгтэй } → дүү[3] ← { бүсгүй эмэгтэй		
《弟》	《妹》

注3）モンゴル語で単に дүү と言えば，《年下の兄弟》，つまり《弟または妹》の両方を指し，男女の区別がないことに注意されたい。

練習 (дасгал)

I. 次のかっこの中に人称代名詞の属格または人称所有語尾を入れなさい。

1. Энэ бол (　　　私の　　　) ном.
2. Ээж (　　私の　　) тавин настай.
3. Тэр (　　君の　　) үзэг үү?
4. Ах (　　君の　　) явсан уу?
5. (　　彼の　　) харандаа энд алга.
6. Аав (　　彼の　　) бөхөд дуртай юу?

```
чиний , нь , миний , чинь , түүний , минь
```

II. 次のかっこの中に適する親族名称を入れなさい。

1. Тэр таны (　　弟　　) юу?
2. Таны (　　兄　　) жолооч уу?
3. Түүний (　　父　　), (　　母　　) хоёулаа багш уу?
4. Доржийн (　　息子　　) сурагч уу?
5. (　　娘　　) чинь эмч үү?
6. Танай (　　姉　　) нөхөртэй юу?

```
хүү , ээж , ах , охин , эгч , дүү , аав
```

ҮХЭР (牛 / 丑)

Эвэр сүүл нь тэнцүүхэн төрсөн
Эзэндээ ээлтэй үхэр хоёр жил
　角と尾等しく生まれたる
　あるじに吉ある牛, 第二の年

Ганцаараа идсэн гахай таргалахгүй
Олуулаа идсэн оготно турахгүй

3. РЕСТОРАН

Тароо : Сул ширээ байгаа юу ?

Үйлчлэгч : Байлгүй яах вэ. Та энэ ширээнд суугаарай.

Ханако : Хоолны цэсээ үзүүлнэ үү ?

Үйлчлэгч : Май, хоолны цэс энэ байна.

Тароо : Монгол үндэсний хоол байгаа биз дээ.

Үйлчлэгч : Байлгүй яах вэ.

Ханако : Чухам ямар ямар хоол танай ресторанд байдаг вэ ?

Үйлчлэгч : Бууз, банш, хуушуур, гурилтай шөл ... гээд зөндөө олон төрлийн хоол бий.

Тароо : За тэгвэл, 8 ширхэг бууз, 2 аяга сүүтэй цай авъя.

Үйлчлэгч : За ойлголоо. Та нар зууш авахгүй юм уу ?

Тароо : Байцааны салат хоёрыг авна.

* * *

Үйлчлэгч : Та нарын захиалсан хоол энэ. Сайхан хооллоорой.

Тароо : Баярлалаа.

　　　　　　　　　一人で食べた豚は太らない
　　　　　　　　　大勢で食べた野ネズミはやせない

訳（орчуулга）

3．レストラン

太郎	：空いている席はありますか。
ウェイトレス	：はい，ございます。こちらにおかけください。
花子	：メニューを見せてください。
ウェイトレス	：どうぞ，メニューはこちらです。
太郎	：モンゴル民族料理はあるんでしょ？
ウェイトレス	：もちろんございます。
花子	：一体どんな料理がこちらにありますか。
ウェイトレス	：ボーズ，バンシ，ホーショール，ゴリルタイ・ショル…など非常にたくさんの種類の料理がございます。
太郎	：それじゃ，ボーズを8個，スーテー・ツァイを2つください。
ウェイトレス	：かしこまりました。前菜はよろしいですか。
太郎	：キャベツのサラダを2つください。

　　　　　　　　　＊　　　＊　　　＊

ウェイトレス	：ご注文の品は以上です。ごゆっくりお召し上がりください。
太郎	：ありがとう。

語句（үг хэллэг）

I. 名詞類

ресторан　レストラン
сул　空いた
ширээ　テーブル，机
хоолны цэс　メニュー
үндэсний　民族の
　（< үндэс(эн)《民族》）
хоол　食事
танай　あなたの，あなたたちの
　（та《あなた》の属格）
бууз　ボーズ：肉・たまねぎ・にんにくなどを小麦粉で作った皮で包んで蒸したもの
банш　バンシ：肉・たまねぎ・にんにくなどを小麦粉で作った皮で包んでスープや乳茶でゆでたもの
хуушуур　ホーショール：肉・たまねぎ・にんにくなどを小麦粉で作った皮で包んで揚げたもの
гурилтай шөл　ゴリルタイ・ショル：肉や野菜の入ったスープに小麦粉を練って作った麺を入れてゆでたもの
зөндөө　多くの，たくさんの
олон төрлийн　多くの種類の
ширхэг　〜個，〜冊
аяга　〜杯；茶わん
сүүтэй цай　スーテー・ツァイ：磚茶(たんちゃ)（紅茶や緑茶の屑を蒸して押し固めたもの）を削って湯に煮出したものの中に乳と少量の塩を加えた茶
зууш　前菜
байцаа　キャベツ
салат　サラダ

II. 動詞類

суу-　座る
үзүүл-　見せる
ойлго-　わかる，理解する
ав-　取る，もらう
захиала-　注文する，予約する
хоолло-　食事する
баярлалаа　ありがとう
　（< баярла-《喜ぶ》）

Ⅲ. その他
　май　はい，どうぞ(物を差し出すときに言う)
　гээд　〜など（< гэ-《言う》）
　за　さあ；はい
　тэгвэл　それでは（< тэгэ-《そうする》）

〈参考〉その他のモンゴル民族料理
　хорхог　ホルホグ：牛乳缶などの金属容器に部位ごとに切り分けた肉（主に羊肉）に塩・焼き石を入れてふたをし，たき火にかざして蒸し焼きにした料理
　боодог　ボードグ：内臓や頭を取り去った肉（主に山羊やタルバガン）の腹腔に焼き石を詰め込み，まわりをたき火やバーナーで焼いた料理
　шорлог　ショルログ：ひと口大に切った肉を串に刺して直火で焼いた料理
　чанасан мах　チャンスン・マハ：部位ごとに切り分けた肉を塩水でゆでた料理

ボーズ

25

説明 (тайлбар)

Ⅰ. 名詞の格語尾 (нэрийн тийн ялгал)

格	形式/音声環境	意味
0. 主格 (нэрлэх)	ϕ (ゼロ)	〜は, 〜が (主題)
1. 属格 (харьяалах)	a. -ын(-ийн)/その他 b. -ы(-ий)/-н 終わり, 隠れた н[4] c. -гийн/長母音, 隠れた г d. -н/二重母音	〜の (所属, 所有)
2. 与位格 (өгөх- орших)	a. -д/その他 b. -нд/隠れた н c. -т/主に г, р, с の後で	〜に, 〜で (対象, 場所)
3. 対格 (заах)	a. -ыг(-ийг)/その他 b. -г/長母音, 二重母音, 隠れた г	〜を (目的)
4. 奪格 (гарах)	a. -аас[4]/その他 b. -наас[4]/隠れた н c. -гаас[4]/長母音, 二重母音, 隠れた г	〜から, 〜より (起点, 比較)
5. 造格 (үйлдэх)	a. -аар[4]/その他 b. -гаар[4]/長母音, 二重母音, 　　　　　　隠れた г	〜で, 〜によって, 〜に (手段, 方法, 時間・空間の広がり)
6. 共同格 (хамтрах)	-тай[3] (*-төй は表記しない)	〜と (共同)

注4)「隠れた **н**」…名詞語幹に格語尾を接続する場合, 例えば主格では, -н は現れないが, <u>原則として属格・与位格・奪格の3つの格を接続するとき, -н が出現することがある</u>。この -н のことを「隠れた **н**」

26

または「不安定な н」(тогтворгүй н)と言い，名詞の格変化では特に注意を要する。

〈例〉

хоол(он)《食事》

主格 хоол《食事》/ 属格 хоолны《食事の》/ 与位格 хоолонд《食事に》

対格 хоолыг《食事を》/ 奪格 хоолноос《食事から》

造格 хоолоор《食事で》/ 共同格 хоолтой《食事とともに》

語例	語末の音声環境
аав《父》 ээж《母》, нөхөр《夫》	男性語 ⎫ 女性語 ⎭ その他
охин《娘》 хүн《人》	男性語 ⎫ 女性語 ⎭ н 終わり
мод(он)《木》 хэл(эн)《言葉》	男性語 ⎫ 女性語 ⎭ 隠れた н
хүү《息子》	長母音
авгай《奥さん》	二重母音
дүн(г)《結果》	隠れた г

〈例〉

1. a．аавын《父の》, ээжийн《母の》
   b．охины《娘の》, хүний《人の》
      модны《木の》, хэлний《言葉の》
   c．хүүгийн《息子の》, дүнгийн《結果の》
   d．авгайн《奥さんの》
2. a．аавд《父に》, ээжид《母に》
   b．модонд《木に》, хэлэнд《言葉に》
   c．нөхөрт《夫に》
3. a．аавыг《父を》, ээжийг《母を》

  b．хүү<u>г</u>《息子を》，авгайг《奥さんを》，дүн<u>г</u>《結果を》
 4．a．аав<u>аас</u>《父から》，ээж<u>ээс</u>《母から》
  b．мод<u>ноос</u>《木から》，хэл<u>нээс</u>《言葉から》
  c．хүүг<u>ээс</u>《息子から》，авгай<u>гаас</u>《奥さんから》，дүнг<u>ээс</u>《結果から》
 5．a．аав<u>аар</u>《父によって》，ээж<u>ээр</u>《母によって》
  b．хүүг<u>ээр</u>《息子によって》，авгай<u>гаар</u>《奥さんによって》，дүнг<u>ээр</u>《結果によって》
 6．аав<u>тай</u>《父と》，ээж<u>тэй</u>《母と》，охин<u>той</u>《娘と》，нөхөр<u>тэй</u>《夫と》（*нөхөртөй）

Ⅱ．若干の動詞表現（үйл үгийн зарим төгсгөл）

1．-аарай⁴《～するように，～してください》…丁寧な助言・命令
 Аян замдаа сайн яв<u>аарай</u>.
 道中お気をつけて。

2．-на⁴ уу²?《どうぞ～してください》…丁寧な依頼
 Та дээшээ суу<u>на уу</u>?
 どうぞ上座へお座りください。

3．-лгүй яах вэ（～яахав）
 《もちろん～です（"～しないでどうするか"が原義）》…強い断定
 Та монгол үсэг мэдэх үү？
 —Өө, мэдэ<u>лгүй яах вэ</u>.
 モンゴル文字を知っていますか。
 —ああ，もちろん知っています。

4．-я / -е / -ё《～します，～しましょう》…1人称（単数・複数）の意志
 Одоо гэртээ харь<u>я</u>.

(私は)もう家に帰ります。(私たちは)もう家に帰りましょう。

5. -хгүй юу?《～しませんか》…勧誘
/ -хгүй юм уу?《～しないんですか(どうして)》…軽い驚き，新発見

Та цай уухгүй юу?
お茶を飲みませんか。

Чи автобусаар явахгүй юм уу?
バスで行かないんですか。

スーテー・ツァイ

練習 (дасгал)

Ⅰ. 次のかっこの中に適する格語尾を伴う語を入れなさい。
 1. Энэ номыг Дорж (　　　　) өгөөрэй.
 2. Би Дорж (　　　　) уулзсан.
 3. Дорж (　　　) таван хүүхэдтэй.
 4. Үүнийг Дорж (　　　　) асуугаарай.
 5. Та Дорж (　　　　) дуудсан уу？
 6. Бид Дорж (　　　　) Монголын тухай яриулав.
 7. Энэ Дорж (　　　　) үзэг.

> багшийг, багш, багшаас, багшид,
> багшийн, багштай, багшаар

Ⅱ. 次のかっこの中に適する動詞表現を入れなさい。
 1. Чи надтай хамт кино (　　　　)？
 2. Энд тамхи татаж болох уу？
  —Өө, (　　　　).
 3. За, хоёулаа хамт (　　　　).
 4. Та гэрт морилон (　　　　)？
 5. Хэрэгтэй бол над руу (　　　　).

> явъя, утасдаарай, орно уу,
> үзэхгүй юү, бололгүй яах вэ

Арын модонд алаглаад байдаг
Алаг эрээн бар гурван жил
　北面の森にてまだらとなれる
　縞の虎，第三の年

БАР (虎／寅)

Танилтай хүн талын чинээ
Танилгүй хүн алгын чинээ

4. МОНГОЛ ОРОН

Монгол бол Ази тивийн төвд оршдог. Монгол улсын нийслэлийг Улаанбаатар гэдэг. Монгол нь 2,400,000 (хоёр сая дөрвөн зуун мянга) шахам хүн амтай. Хээр тал, говь, хангай, алтай зэргээрээ алдартай. Монголын хөдөөгийн амьдралыг их сонин гэж гадаадынхан ярьцгаадаг. Монголд зун нь халуун, өвөл нь хүйтэн байдаг онцлогтой. Ийм учраас эрс тэс уур амьсгалтай орон гэгддэг. Зуны улиралд Монголд жуулчид нэлээн очдог. Жил бүрийн VII сарын 11-ний өдөр «наадам» эхэлдэг. Морь уралдах, бөх барилдах, сур харвахыг «эрийн гурван наадам» гэдэг юм.

　　　　　　　　　　　知り合いのある人草原の如し
　　　　　　　　　　　知り合いのない人掌の如し

訳（орчуулга）

4．モンゴル国

　モンゴルはアジア大陸の中央にあります。モンゴル国の首都をオラーンバータルと言います。モンゴルは240万近くの人口です。ステップ，ゴビ，ハンガイ，アルタイなどで有名です。モンゴルの田舎の生活はとてもおもしろいと外国人は言います。モンゴルでは，夏は暑く，冬は寒い特徴があります。そのため，気候の厳しい国と言われます。夏の季節にモンゴルに旅行者が随分訪れます。毎年7月11日に"ナーダム"が始まります。競馬，相撲，弓を《男の三つの競技》と言います。

語句 (үг хэллэг)

I. 名詞類

орон　国，国土
ази　アジア
тив　大陸
төв　中心，中央
улс　国，国家
нийслэл　首都
хүн ам　人口
хээр тал　ステップ，草原
говь　ゴビ，半砂漠
хангай　ハンガイ，森林肥沃地帯
алтай　アルタイ山脈
зэрэг　〜など
алдартай　有名な
хөдөө　田舎，地方
амьдрал　生活
сонин　おもしろい，変わった
гадаадынхан　外国人
зун　夏
халуун　暑い，熱い

өвөл　冬
хүйтэн　寒い，冷たい
онцлог　特徴
ийм　このような
эрс тэс　厳しい，極端な
уур амьсгал　気候
улирал　季節
жуулчид　旅行者たち
　(жуулчин《旅行者》の複数)
бүр(名詞に後置して)毎〜，各〜
сар　〜月；月
өдөр　〜日
наадам　ナーダム(毎年7月11日に行われる国民の祭典)
морь　馬
бөх　相撲
сур　皮ひもで作った弓の的；皮ひも
эр　男，雄

II. 動詞類

орши-　ある，存在する
ярьцгаа-　共に(一斉に)話す
　(-цгаа-は複数の動作を示す)
гэгдэ-　言われる
　(< гэ-《言う》の受身)

очи-　行く
эхлэ-　始まる
уралда-　競う，競争する
барилда-　つかみ合う，相撲を取る
харва-　射る

Ⅲ. その他
　шахам　〜近く
　нь　その，彼の，彼女の
　　（3人称の人称所有語尾）

учраас　〜のため，〜なので
нэлээн　かなり，随分

モンゴルのゲル

説明（тайлбар）

Ⅰ. 動詞の主要語尾（үйл үгийн гол нөхцөл）

	形式	意味
時制	1. —на^4	未来　《〜する》
時制	2. —ж(ч) байна	現在進行　《〜している》
時制	3. —сан^4	過去　《〜した》
アスペクト	4. —даг^4	習慣　《いつも〜する》
アスペクト	5. —лаа^4	完了 a.近過去《(今しがた)〜した》 b.近未来《(今すぐ)〜する》

〈例文〉

1. Би маргааш Осака явна. (< ява-《行く》)
   私は明日大阪へ行きます。
2. Оюун сонин уншиж байна. (< унши-《読む》)
   オヨンは新聞を読んでいます。
3. Тароо өчигдөр кино үзсэн. (< үзэ-《見る》)
   太郎は昨日映画を見ました。
4. Би орой бүр арван нэгэн цагт унтдаг. (< унта-《寝る》)
   私は毎晩11時に寝ます。
5. a. Ах саяхан хөдөө яваад ирлээ. (< ирэ-《来る》)
   兄はつい最近田舎へ行って来ました。
   b. Би одоохон номын сан руу явлаа. (< ява-《行く》)
   私は今すぐ図書館へ行きます。

Ⅱ. 数詞（тооны нэр）

モンゴル語の基数詞（үндсэн тоо）は次のようである。

1	нэг				
2	хоёр	20	хорь	200	хоёр зуу
3	гурав	30	гуч	300	гурван зуу
4	дөрөв	40	дөч	400	дөрвөн зуу
5	тав	50	тавь	500	таван зуу
6	зургаа	60	жар	600	зургаан зуу
7	долоо	70	дал	700	долоон зуу
8	найм	80	ная	800	найман зуу
9	ес	90	ер	900	есөн зуу
10	арав	100	зуу	1000	мянга
		10,000	арван мянга（～ түм）		
		100,000	зуун мянга（～ бум）		
		1,000,000	сая		

数詞が数詞または名詞を後続させる場合，原則として数詞 -н の形になる（ただし，нэг《1》，хоёр《2》は例外なので注意を要する）。

```
----- 数詞 -н  +  数詞 -н  + 名詞
         ↑         ↑
        修飾       修飾
```

〈例〉

- нэг хүн《1人》→ арван нэгэн хүн《11人》
  （*нэгэн）　　　　　　（*нэг）
- хоёр хүн《2人》→ гучин хоёр хүн《32人》
  （*хоёрон）　　　　　　（*хоёрон）
- найман хүн《8人》→ наян найман хүн《88人》
  （*найм）　　　　　　　（*найм）
- жаран есөн хүн《69人》→ зуун жаран есөн хүн《169人》
  （*жар）（*ес）　　　　　（*зуу）

36

練習 (дасгал)

Ⅰ. 次のかっこの中に適する動詞の形を入れなさい。
1. Би ноднин Монголд (　　　　).
2. Би ирэх жил бас Монголд (　　　　).
3. Та одоо хаашаа (　　　　)?
4. За, би одоо (　　　　).
5. Би өглөө бүр найман цагт гэрээсээ гарч,
   ажилдаа (　　　　).

> явдаг, явсан, явлаа,
> явна, явж байна

Ⅱ. 次の数詞をモンゴル語で書きなさい。
1. Өдөрт 24 (　　　　) цаг байдаг.
2. Жилд 365 (　　　　) өдөр байдаг.
3. Тэр 20,000 (　　　　) ширхэг номтой.
4. Тароо сардаа 290,000 (　　　　　　)
   иений цалин авдаг.

ТУУЛАЙ (兎 / 卯)

Дэлхий дээгүүр дэгдээд байдаг
Дэлдэн чихтэй туулай дөрвөн
　　　　　　　　　　　жил

地上を跳ねたる
突出せる耳ある兎, 第四の年

МОНГОЛ УЛС

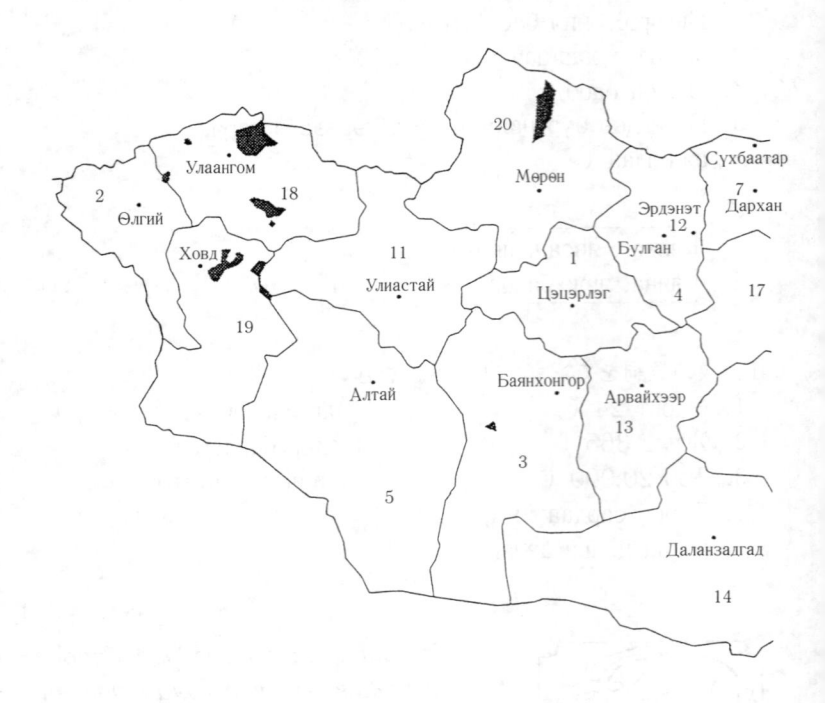

モンゴル国のアイマグ(行政単位)とその中心

аймгийн нэр

1. АРХАНГАЙ
2. БАЯН-ӨЛГИЙ
3. БАЯНХОНГОР
4. БУЛГАН
5. ГОВЬ-АЛТАЙ
6. ГОВЬСУМБЭР
7. ДАРХАН-УУЛ
8. ДОРНОГОВЬ
9. ДОРНОД
10. ДУНДГОВЬ
11. ЗАВХАН
12. ОРХОН
13. ӨВӨРХАНГАЙ
14. ӨМНӨГОВЬ
15. СҮХБААТАР
16. СЭЛЭНГЭ
17. ТӨВ
18. УВС
19. ХОВД
20. ХӨВСГӨЛ
21. ХЭНТИЙ

Муу явахад нөхөр хол
Сайн явахад садан ойр

5. ДЭЛГҮҮР

Ханако : Сайн байна уу? Уучлаарай. Нэг юм асуух гэсэн юм.
Оюун : За тэгээрэй.
Ханако : Бэлэг дурсгалын зүйл худалддаг газар хаана байдаг вэ?
Оюун : Улсын их дэлгүүрийн IV (дөрөвдүгээр) давхарт бий.

* * *

Ханако : Монгол зураачдын зураг байна уу?
Худалдагч : Байлгүй яах вэ. Энэ лангууны дээр байна.
Ханако : Баярлалаа. Өө яасан олон зураг вэ.
Худалдагч : Та чухам ямар зураг сонирхож байгаа юм бэ?
Ханако : Байгалийн сэдэвтэй зургийг л үзмээр байна.
Худалдагч : Өө тэгвэл, энэ зургуудыг үзээрэй.
Ханако : Энэ ямар үнэтэй вэ?
Худалдагч : 4,880 (дөрвөн мянга найман зуун наян) төгрөг.
Ханако : Мөнгөө хаана өгөх вэ?
Худалдагч : Тэр буланд байгаа кассанд өгөөрэй.
Ханако : За баярлалаа.

悪いときは友人は遠い
良いときは親類は近い

訳（орчуулга）

5．店

花子　：今日は。すみませんが，一つおたずねしたいんですが。

オヨン：はい，どうぞ。

花子　：おみやげを売っている所はどこにありますか。

オヨン：国立百貨店の4階にあります。

　　　　　　　＊　　　＊　　　＊

花子：モンゴルの画家たちの絵はありますか。

店員：はい，もちろんございます。このカウンターにあります。

花子：どうも。まあ，何てたくさんの絵なんでしょう。

店員：一体どんな絵に興味がございますか。

花子：自然がテーマとなった絵だけ見たいんです。

店員：はい，それなら，これらの絵をご覧ください。

花子：これはいくらですか。

店員：4,880トグルグです。

花子：お金はどこで支払いますか。

店員：あの角にあるレジでお支払いください。

花子：どうもありがとう。

語句 (үг хэллэг)

I. 名詞類

дэлгүүр 店
  их ～ 百貨店，デパート
юм もの，こと
бэлэг дурсгал おみやげ
зүйл 物，品物
газар 所，場所
давхар 階
зураач 画家
зураг 絵，写真
лангуу カウンター，陳列棚

дээр (～の)上に，(～の)所に
байгаль 自然
сэдэв テーマ
үнэтэй 値段のする
  (< үнэ《値段》)
төгрөг トグルグ(モンゴルの貨幣単位)
мөнгө お金
булан 角，隅
касс レジ

II. 動詞類

уучлаарай ごめんなさい，すみません(< уучла-《許す》)
асуу- 尋ねる
худалда- 売る
яасан 何と；どうした
  (< я-《どうする》)

сонирхо- 興味をもつ
үзэ- 見る
өг- 与える，мөнгө ～ 支払う

III. その他

-х гэсэн юм ～したいんですが
  (婉曲願望)

-маар⁴ байна ～したい
  (直接願望)

説明（тайлбар）

Ⅰ. 名詞の複数接尾辞（нэрийн олон тооны дагавар）

複数接尾辞	特徴
1. -ууд² （〜-нууд²/主に長母音・二重母音の後で）	最も頻度大 広く物にも接続する
2. нар	人間にのみ接続する 分かち書きする
3. -д	-ч(ин), -гч,-тан⁴ などで終わる語や若干の限られた語に接続する
4. -чууд²	人間を表示する

〈例〉

1. зураг《絵》→ зург<u>ууд</u>《絵(複数の)》
    оюутан《学生》→ оюутн<u>ууд</u>《学生たち》
    тэмээ《ラクダ》→ тэмээн<u>үүд</u>《ラクダ(複数の)》
2. багш《先生》→ багш <u>нар</u>《先生たち》
    эмч《医者》→ эмч <u>нар</u>《医者たち》
    та《あなた》→ та <u>нар</u>《あなたたち》
3. зураач《画家》→ зураачи<u>д</u>《画家たち》
    малчин《牧民》→ малчи<u>д</u>《牧民たち》
    сурагч《生徒》→ сурагчи<u>д</u>《生徒たち》
    амьтан《動物》→ амьта<u>д</u>《動物たち》
    түшмэл《官吏》→ түшмэ<u>д</u>《官吏たち》
    нөхөр《友人》→ нөхө<u>д</u>《友人たち》
4. бага《小さい》→ бага<u>чууд</u>《子供たち》
    эрэгтэй《男性》→ эрэгтэй<u>чүүд</u>《男性たち》

хөгшин《老人》→ хөгшчүүд《老人たち》

Ⅱ. 若干の動詞表現及びその他の文法事項

1. -х гэсэн юм《〜したいんですが》…口語的・婉曲願望
   Би танаас нэг юм асуу<u>х гэсэн юм</u>.
   あなたに１つおたずねしたいんですが。

2. -маар⁴ байна《〜したい》…口語的・直接願望
   Би хөдөө яв<u>маар байна</u>.
   私は田舎へ行きたい。

3. Яасан+形容詞+名詞+вэ（〜бэ）《何と〜だろう》…感嘆文
   <u>Яасан</u> сайхан өдөр <u>вэ</u>.
   何と天気のいい日だろう。

4. л《〜だけ》…強調助詞(直前の語を強調する働きをする)
   Тэр онгоцоор <u>л</u> явна гэсэн.
   彼は飛行機だけで行くと言いました。

5. —дугаар²(-дугаар / 男性語の数詞に接続,-дүгээр / 女性語の数詞に接続)…序数詞《第〜の，〜番目の》

発音表記	簡略表記	発音表記	簡略表記
нэгдүгээр	Ⅰ	зургадугаар	Ⅵ
хоёрдугаар	Ⅱ	долдугаар	Ⅶ
гуравдугаар	Ⅲ	наймдугаар	Ⅷ
дөрөвдүгээр	Ⅳ	есдүгээр	Ⅸ
тавдугаар	Ⅴ	аравдугаар	Ⅹ

練習 (дасгал)

Ⅰ. 次の名詞に -ууд² (〜 -нууд²), нар, -д, -чууд² の中から適する複数接尾辞をつけて，複数形にしなさい。
1. залуу → (   )   7. жуулчин → (   )
2. охин → (   )   8. эрдэмтэн → (   )
3. ах → (   )   9. далай → (   )
4. хүүхэд → (   )   10. зохиол → (   )
5. монгол → (   )   11. ширээ → (   )
6. та → (   )

Ⅱ. 次の語順を入れかえて，正しいモンゴル文を作りなさい。
1. (хүн , яасан , бэ , сонин).
2. (авмаар , чи , байна вэ , юу)?
3. (уулзах , би , юм , Дорж багштай , гэсэн).
4. (авъя , л , би , үүнийг).
5. (сард , очно , наймдугаар , бид , ирэх , Монголд)

ЛУУ (竜 / 辰)

Хөх тэнгэр дээгүүр хүржигнээд
                              байдаг
Хүч ихтэй луу таван жил
  青き空をとどろける
  力強き竜，第五の年

Усыг нь уувал
Ёсыг нь дагадаг

6. АЯЛАЛ ЖУУЛЧЛАЛ

Монголд байгалийн сайхан үзэсгэлэнтэй газрууд тун олон бий. Жишээлбэл: Богд уул, Гурван сайхан уул, Орхоны хөндий, Тэрэлж, Хорго, Хөвсгөл нуур зэргийг юуны өмнө дурдаж болно. Аялал жуулчлалаар Монголд очсон хүмүүсийн ихэнх нь Өмнөговь, Хужирт гэх мэтийн жуулчны баазтай газраар хүрдэг юм. Японоос нондин арван хэдэн мянган хүн Монголд очсон ажээ. Монгол улсад аялал жуулчлалын салбар саяхнаас л эрчимтэй хөгжих хандлагатай байна.

Хэрвээ та Монголын нийслэл Улаанбаатар хотод очвол үндэсний түүхийн музей, байгалийн музей, Богд хааны ордон музей, дүрслэх урлагийн музей зэргийг үзэж болно.

その水を飲めば
その慣習に従う

訳（орчуулга）

6．観光

　モンゴルには自然の美しい場所が実にたくさんあります。例えば，ボグド山，ゴルバン・サイハン山，オルホン峡谷，テレルジ，ホルゴ，フブスグル湖などをまず最初に挙げることができます。観光でモンゴルに行った人たちの大半がウムヌゴビ，ホジルトなどのツーリストセンターのある場所を訪れます。日本から昨年一万数千人がモンゴルに行きました。モンゴル国では，観光分野がつい最近より急激に発展する傾向にあります。

　もしあなたがモンゴルの首都オラーンバータル市に行ったら，民族歴史博物館，自然博物館，ボグドハーン宮殿博物館，美術館などを見ることができます。

語句（үг хэллэг）

I. 名詞類

аялал, жуулчлал 旅行, 観光
сайхан 美しい, すばらしい
үзэсгэлэнтэй 美しい
уул 山
хөндий 谷, 谷間
нуур 湖
хүмүүс 人々（хүн《人》の複数）
ихэнх 大部分, 大半
бааз 基地, センター
ноднин 去年
хэдэн いくつかの〜, 数〜

хүн 人
салбар 分野
саяхан つい最近
эрчимтэй 力強い, 活発な
хандлага 傾向
түүх 歴史
музей 博物館
хаан 汗, 王様
ордон 宮殿
дүрслэх урлаг 美術

II. 動詞類

дурд- 述べる, 挙げる
хүр- 着く, 到着する
хөгжи- 発展する
бол- ［特に -ж(ч) бол- の形で］
　〜してもよい, 〜できる(許可)

〈例〉Энд зураг авч болох уу？
ここで写真をとってもいいですか。

III. その他

тун 非常に
жишээлбэл 例えば
　(< жишээлэ-《例を挙げる》)
юуны өмнө まず第一に

гэх мэт 〜など
ажээ 〜である；〜であった
　(新情報を強調的に述べる)
хэрвээ もし

説明 (тайлбар)

Ⅰ. 動詞の連用語尾 (нөхцөл үйлийн нөхцөл)

A類	B類	C類
1. -ж/-ч 結合 (зэрэгцэх) 《～して》	4. -вал⁴/-бал⁴ 条件 (болзох) 《～すれば》	6. -тал⁴ 限界 (угтах) 《～するまで;～すると》
2. -аад⁴ 分離 (урьдчилах) 《～して(から)》	5. -вч 譲歩 (дутагдах) 《～しても》	7. -магц⁴ 即時 (бэлтгэх) 《～するとすぐに、～するや》
3. -н 同時 (хам) 《～し》		8. -нгаа⁴ 随時 (дашрамдах) 《～しながら、～するついでに》

〈例文〉

1. Аав минь яв<u>ж</u>, ах минь ирлээ.
    (私の)父が行って、(私の)兄が来ました。
    Ханако өглөө болгон 7 цагт бос<u>ч</u>, 8 цагт хичээлдээ явдаг.
    花子は毎朝7時に起きて、8時に授業に行きます。

2. Ажлаа хийг<u>ээд</u>, зав ерөөсөө гарсангүй.
    仕事をして暇が全くありませんでした。

3. Голын ус хоржигно<u>н</u> урсана.
    川の水がサラサラと流れます。

4. Манай ахыг ир<u>вэл</u> түүнд заавал хэлээрэй.
    私の兄が来たら彼に必ず言ってください。
    Маргааш яв<u>бал</u> тун зүгээр гэж бодож байна.
    明日行ったらとてもよいと思います。

49

5. Би энэ өгүүллийг уншивч нэг л сайн ойлгохгүй байна.
   私はこの論文を読んでもどうもよくわかりません。

6. Намайг иртэл хүлээж байгаарай.
   私が来るまで待っていてください。

7. Хавар болмогц мал төллөдөг.
   春になるとすぐに家畜が出産します。

8. Даян хоолоо идэнгээ, зурагт үзэв.
   ダヤンは食事をしながらテレビを見ました。

II. 時（цаг хугацаа）を示す語について

日	уржигдар 《おととい》	өчигдөр 《昨日》	өнөөдөр 《今日》	маргааш 《明日》	нөгөөдөр 《あさって》
月		өнгөрсөн сар 《先月》	энэ сар 《今月》	ирэх сар 《来月》	
年	уржнан 《おととし》	ноднин/ өнгөрсөн жил 《去年》	энэ жил 《今年》	хойтон/ ирэх жил 《来年》	дараагийн дараа жил 《再来年》
週		өнгөрсөн долоо хоног 《先週》	энэ долоо хоног 《今週》	ирэх долоо хоног 《来週》	

練習 (дасгал)

Ⅰ. 次のかっこの中に適する動詞の連用語尾を入れなさい。
1. Та хаач(　　　　) ирэв?
2. Замдаа сайн яв(　　　　) ирэв үү?
3. Энэ номыг сайн унш(　　　　) ойлгоно.
4. Энэ номыг сайн унши(　　　　) сайн ойлгохгүй байна.
5. Би тэднийг яв(　　　　), гэрээ яара(　　　　) цэвэрлэсэн.
6. Таныг уншиж дуус(　　　　) би тэр номыг авахгүй.
7. Дорж хичээлдээява(　　　　), өглөө шуудангаар оржээ.

```
-нгаа , -ж , -вч , -н ,
-магц , -аад , -тал , -вал
```

Ⅱ. 次のかっこの中に適する時を示す語を入れなさい。
1. Та (　　明日　　) / (　あさって　) завтай юу?
2. Даян (　昨日　) / (　おととい　) хаашаа явсан бэ?
3. Тароо (　来月　) сараас Монголд очно.
4. Ханако (　先月　) сард Монголоос буцаж ирсэн.
5. Охин минь (　来年　) / (　再来年　) бага сургуульд орно.
6. Хүү чинь (　去年　) / (おととし) их сургуулиа төгссөн үү?

```
ноднин , нөгөөдөр , ирэх , уржигдар ,
өнгөрсөн , ирэх жил , өчигдөр ,
араагийн дараа жил , маргааш , уржнан
```

МОГОЙ (蛇/巳)

Цаг үргэлж цагариглаад байдаг
Цагаан эрээн могой зургаан жил
　絶えずとぐろを巻ける
　白きまだらの蛇，第六の年

テレルジのテメーン・ハダ（ラクダ岩）

Эдээр биеэ чимэхээр
Эрдмээр биеэ чим

7. СУРГУУЛЬ

Тароо : Сайн байна уу ?

Даян : Сайн. Сайн байна уу ?

Тароо : Уучлаарай. Та оюутан уу ?

Даян : Тиймээ. Би оюутан.

Тароо : Аль их сургуулийн хэддүгээр курсийн оюутан бэ ?

Даян : Монгол улсын их сургууль (МУИС)-ийн III (гуравдугаар) курс.

Тароо : Ямар мэргэжлээр сурдаг вэ ?

Даян : Монголын түүх. Та ч гэсэн оюутан уу ?

Тароо : Тиймээ. Би бас оюутан.

Даян : Хаанахын ямар их сургуульд сурдаг вэ ?

Тароо : Японы Осакад байдаг гадаад хэлний их сургуульд суралцдаг.

Даян : Монголд хэзээ ирсэн бэ ?

Тароо : Хоёр долоо хоногийн өмнө ирсэн.

Даян : Өө тийм үү. Монголд ирээд тэгээд ямаршуухан байна даа.

Тароо : Тун сайхан байна.

物で自らを飾るよりも
学で自らを飾れ

訳（орчуулга）

7. 学校

太郎　：今日は。

ダヤン：今日は。

太郎　：すみませんが，あなたは学生ですか。

ダヤン：はい，僕は学生です。

太郎　：どの大学の何年生ですか。

ダヤン：モンゴル国立大学の三年です。

太郎　：何を専攻されていますか。

ダヤン：モンゴル史です。あなたも学生ですか。

太郎　：はい，僕も学生です。

ダヤン：どこの何大学で勉強されていますか。

太郎　：日本の大阪にある外国語大学で勉強しています。

ダヤン：モンゴルにいつ来られましたか。

太郎　：二週間前に来ました。

ダヤン：ああ，そうですか。モンゴルに来られて，それでどんな
　　　　ふうですか。

太郎　：とてもすばらしいです。

語句 （үг хэллэг）

Ⅰ. 名詞類

аль　どれ，どの
курс　学年
мэргэжил　専門
хаанахын　どこの
　（< хаана《どこ》）
гадаад　外国の
долоо хоног　週
өмнө　（〜の）前に
ямаршуу（〜ямархуу）
　どんなふう

Ⅱ. 動詞類

суралца-　共に学ぶ，勉強する（сур-《学ぶ》の共同）

Ⅲ. その他

ч гэсэн, бас　〜もまた
тэгээд　そして，それから；それ
　で（< тэгэ-《そうする》）
даа　〜ね（聞き手に確認の意を
　求める文末助詞）

説明（тайлбар）

Ⅰ．動詞の連体語尾（үйлт нэрийн нөхцөл）

A 類	1. -сан⁴	過去（өнгөрсөн цаг）　　　　　　　　《～した》
B 類	2. -аа⁴	継続（өнгөрөн үргэлжилж байгаа одоо цаг） 《～している》
	3. -даг⁴	習慣（давтан үйлдэх одоо цаг）《常に～する》
	4. -гч	行為者（байнга үйлдэх одоо цаг） 《～する(ものの)》
C 類	5. -х	未来（ирээдүй цаг）　　　　《～する(ところの)》
	6. -маар⁴	可能性・願望（хүсэл боломжийг заах ирээдүй цаг）　　　《～すべき，～に値する；～したい》

〈例文〉

1. Би төрсөн нутагтаа жилд заавал нэг удаа очдог.
   私は生まれ故郷に年に必ず一度行きます。
2. Улаанбаатарт суралцаж байгаа найзаасаа өчигдөр захиа хүлээж авлаа.
   オラーンバータルで勉強している友達から昨日手紙を受け取りました。
3. Хуучин ном худалддаг дэлгүүр хаана байдаг вэ?
   古本屋（←古本を常に売る店）はどこにありますか。
4. Усан доогуур шумбагч онгоцыг анх удаагаа харав.
   潜水艦（←水中をもぐる船）を初めて見ました。
5. Налайх руу явах шугмын автобус хэдэн цагаас ирэх вэ?
   ナライハへ行く路線バスは何時に来ますか。
6. Чамд уншмаар сонин ном байгаа биз дээ.
   あなたには読むべきおもしろい本があるんでしょ？（可能性）
   cf. Би цай уумаар байна.　私はお茶を飲みたい。（願望）

II．外来語（зээлдсэн үг）について

1. 発音について
   a．ロシア語からの借用語では，アクセントのある音節は「長母音」で発音する。

   〈例〉〈ロシア語〉　　　　　　　　　　〈モンゴル語〉
   - бáр [ba:r]《バー，酒場》　　　　: бар [bar]《トラ》
     e.g. бар онгойх　バーが開く　　　бар жил　寅年
   - шáр [ʃa:r]《風船》　　　　　　　 : шар [ʃar]《黄色の》
     e.g. шар үлээх　風船をふくらます　шар өнгө　黄色

   その他，кинó [kjano:]《映画》，кáсс [ka:s]《レジ》，цúрк [tsi:rk]《サーカス》など数多い。

   b．ロシア語からの借用語に見られる文字 y には，[u] と [o] の二種類の発音があり，それによりそれぞれ文法的に「女性語」か「男性語」かが決定される。

   〈例〉　　　　　　　　　　　　　　　　　　　〈属格変化〉
   курс　　 [ku:rs]　　《コース，学年》[女]（курсийн）
   фунт　　 [fu:nt]　　《(貨幣の)ポンド》[女]（фунтийн）
   / минут　[mino:t]　 《(時間の)分》　 [男]（минутын）
   автобус [awtɔbo:s]《バス》　　　　 [男]（автобусны）

2. 語彙について
   a．特に民主化以後，従来のロシア語からモンゴル語への語の置き換えが頻繁に見られるようになった。

   〈例〉　　　　　　〈ロシア語〉　〈モンゴル語〉
   《(気温の)度》　　градус　　→ хэм
   《プログラム》　　программ　→ хөтөлбөр
   《システム》　　　систем　　→ тогтолцоо
   《テレビ》　　　　телевиз(ор) → зурагт
   《(行政単位)地区》район　　 → дүүрэг

57

b．市場経済への移行に伴い，英語からの借用語が増加している。
〈例〉би́знес《ビジネス》, ме́нежер《マネージャー》, диза́йнер《デザイナー》など。

モンゴル国立大学

練習 (дасгал)

Ⅰ. 次のかっこの中に最も適する動詞の連体語尾を入れて文を完成させなさい。

1. Цэцэг буца(　　　　) замдаа хүнсний дэлгүүрээр оржээ.
2. Америкт сур(　　　　) дүүгээс минь уржигдар захиа ирсэн.
3. Ноднин захиал(　　　　) ном шуудангаар саяхан ирлээ.
4. Одоо үг хэлж байг(　　　　) хүний нэр хэн бэ?
5. Улаанбаатарт үз(　　　　) музей олон бий.
6. Энэ хувила(　　　) машин бол Японых.

> -даг , -мээр , -аа , -гч , -сан , -х

Ⅱ. 次のかっこの中に適する外来語を入れて文を完成させなさい。

　Би түрүүчийн бүтэн сайн өдөр англи хэлний Ⅱ (　　　　)ийн Доржтой хамт (　　　　)аар хотын төв орсон.
　"Ард" (　　　　)ийн тасалбар түгээврээс хоёр (　　　　) авч, "Чингис хаан"-ыг үзэв. Дараа нь бид хоёр (　　　　)д хоол идэнгээ (　　　　) уусан. Тэгээд буцахдаа (　　　　)гаар гэртээ харьцгаасан.

> билет , пиво , ресторан, курс ,
> такси , автобус , кинотеатр

Холын газрыг товчлоод байдаг
Хомбон туурайтай морь долоон жил

遠き所を縮めたる
円すいのひづめある馬, 第七の年

МОРЬ (馬/午)

大作家 D. ナツァグドルジの像

Сиймхий ч гэсэн гэр минь
Сэгсгэр ч гэсэн ээж минь

8. УЛААНБААТАР

Улаанбаатар хот бол Монгол улсын нийгэм эдийн засаг, соёл шинжлэх ухааны гол төв мөн. Улаанбаатар хотын анхны эх суурь нь 1639 (мянга зургаан зуун гучин есөн) оны үед тавигдсан байна. Энэ хотыг урьд нь Өргөө, Их хүрээ, Нийслэл хүрээ гэхэчлэн янз бүрээр нэрлэдэг байв. Харин 1924 (мянга есөн зуун хорин дөрвөн) оноос эхлэн Улаанбаатар гэж нэрлэгдэх болсон байна. Улаанбаатар гэдэг нэр нь «улаан баатар» гэсэн утга бүхий үг болно.

Эдүгээ 700,000 (долоон зуун мянга) шахам хүн амтай Улаанбаатар хот нь далайн төвшнөөс дээш 1350 (мянга гурван зуун тавь) орчим метрийн өндөрт оршдог юм. Улаанбаатарын өмнө талд нь Богд хайрхан, баруун талд нь Сонгино хайрхан, хойт талд нь Чингэлтэй хайрхан, зүүн талд нь Баянзүрх хайрхан гэсэн дөрвөн том уул бий. Хотын дундуур Туул, Сэлбэ зэрэг голууд урсдаг.

Буянт-Ухаагийн нисэх онгоцны буудал нь Улаанбаатарын төвөөс баруун өмнө зүгт байдаг.

　　　　　　　　　　ぼろぼろであってもわが家
　　　　　　　　　　ぼさぼさであってもわが母

訳 (орчуулга)

8. オラーンバータル

　オラーンバータル市はモンゴル国の社会経済，文化科学の主な中心です。オラーンバータル市の最初の基盤は，1639年頃に築かれました。この市を，以前ウルグー(1639—1706)，イフ・フレー(1706—1911)，ニースレル・フレー(1911—1924)など様々に呼んでいました。しかし，1924年からオラーンバータルと呼ばれるようになりました。オラーンバータルという名前は，улаан《赤い》、баатар《英雄》といった意味をもつ単語です。

　現在，70万近くの人口をもつオラーンバータル市は，海抜およそ1350メートルの高さにあります。オラーンバータルの南側にボグド山，西側にソンギノ山，北側にチンゲルテイ山，東側にバヤン・ズルフ山といった4つの大きな山があります。町の中をトール，セルベなどの川が流れています。

　ボヤント・オハー空港は，オラーンバータルの中心から南西の方向にあります。

語句 (үг хэллэг)

Ⅰ. 名詞類

нийгэм　社会
эдийн засаг　経済
соёл　文化
шинжлэх ухаан　科学
гол　主な
анхны　最初の
эх суурь　基盤, 土台
он　(暦の)年
үе　時期, 頃
урьд　以前
янз бүр　様々
нэр　名前
улаан　赤い
баатар　英雄
утга　意味
үг　単語

эдүгээ　現在
далайн төвшнөөс дээш　海抜
метр　メートル
өндөр　高い;高さ
тал　側
хайрхан　山(уул《山》の敬語)
баруун　西(の)
хойт　北(の)
зүүн　東(の)
өмнө　南(の)
дундуур　(～の)中を
гол　川
нисэх онгоц　飛行機
　～ны буудал　空港
зүг　方向

Ⅱ. 動詞類

тавигда-　置かれる
　(тави-《置く》の受身)
нэрлэ-　呼ぶ
нэрлэгдэ-　呼ばれる

　(нэрлэ-《呼ぶ》の受身)
бол-　～になる;～である
урс-　流れる

Ⅲ. その他

мөн　～である
гэхэчлэн　～など
харин　しかし
-aac⁴ эхлэн　～から, ～以来

гэж　～と(＜гэ-《言う》)
бүхий　～のある, ～をもつ
орчим　～くらい, およそ～

63

説明 (тайлбар)

Ⅰ. 数詞(-нのない形)+概数後置詞+名詞

〈ポイント〉

> 1. 概数後置詞の位置に注意 → 数詞と名詞の間に置く。
> 2. この場合，数詞は必ず -н のない形である。

cf. 〈数詞(-н のある形)+名詞〉 (ただし，нэг, хоёр は例外)

ここで言う概数後置詞とは，次のようなものを指す。

```
гаруй 《〜余り，〜以上》
  ↑  }
  ↑    орчим  《〜くらい，〜程度；
                 およそ〜，約〜》
шахам 《〜近く》
```

〈例〉

арав <u>гаруй</u> жилийн өмнө (*арван)	10年以上前に
гуч <u>орчим</u> <u>н</u>асны хүн (*гучин)	30歳ぐらいの人
мянга <u>шахам</u> <u>м</u>алтай айл (*мянган)	千頭近くの家畜をもつ家
cf. дөчин гурван <u>н</u>астай (*гурав)	43歳の
тавин жилийн ой (*тавь)	50周年記念

Ⅱ. モンゴル語の方位・方角(зүг чиг)について

〈ポイント〉

> モンゴル語の方位・方角は，一般に東西の横軸を基準となす。
> そのため，語順の点で東西を先に，南北を後に表記する。

cf. 日本語では，一般に南北の縦軸を基準となすことが多い。

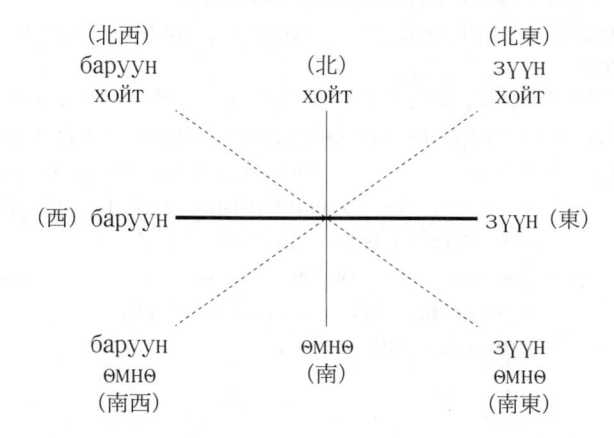

```
        (北西)                          (北東)
       баруун          (北)            зүүн
        хойт           хойт            хойт



(西) баруун ━━━━━━━━━━━━━━━━━━ зүүн (東)



       баруун          өмнө            зүүн
        өмнө           (南)            өмнө
        (南西)                          (南東)
```

〈例〉

モンゴル語 ： баруун　өмнө ， зүүн　хойт

日本語　　 ： 南　　　西　　 北　　　東

（モンゴル語の baruun は日本語の「西」、өмнө は「南」、зүүн は「東」、хойт は「北」に対応：交差対応）

練習 (дасгал)

Ⅰ. かっこの中から適する語を選びなさい。
1. Та (хэд , хэдэн) настай вэ？
 —Хорин (тав , таван) настай.
2. Энэ (хэд , хэдэн) орчим үгтэй толь вэ？
 —Гучин (мянга , мянган) орчим үгтэй.
3. Манай хот дөрвөн зуун (мянга , мянган) гаруй хүн амтай.

Ⅱ. 下の地図を見て、かっこの中に適する方位語を入れなさい。
Сүхбаатарын талбайн эргэн тойронд хотын гол гол албан газрууд байдаг. (　　　) талд нь засгийн газрын ордон, (　　　) талд нь Улаанбаатар хотын захиргаа, (　　　) талд нь үндэсний түүхийн музей, (　　　) талд нь соёлын төв өргөө, дуурь бүжгийн театр, (　　　) талд нь Энх тайваны гудамж, (　　　) талд нь төв шуудан бий.

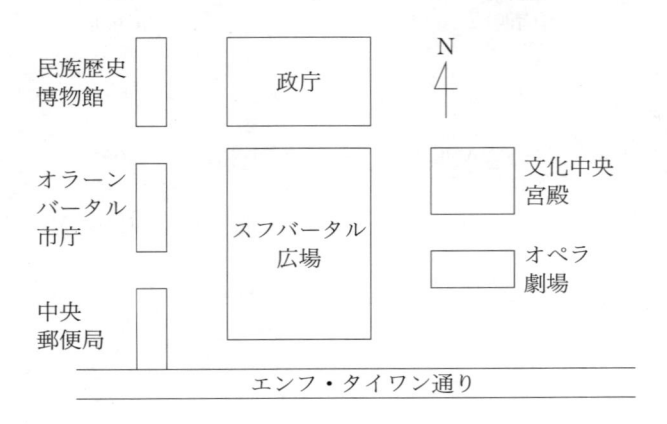

зүүн , баруун , өмнө , хойт , баруун өмнө , баруун хойт

ХОНЬ (羊 / 未)

Хотгор газрыг хорголоороо
дүүргэсэн
Хотондоо ээлтэй хонь найман
жил

くぼ地を糞にて満てたる
囲いに吉ある羊，第八の年

スフバータル広場

Хүний хэрэг бүтвэл
Өөрийн үйлс бүтнэ

9. ҮЙЛЧИЛГЭЭ

Ханако :   Уучлаарай. Сайн байна уу ?

Оюун :   Сайн. Сайн байна уу ?

Ханако :   Энэ хавьд ойрхон шиг ахуйн үйлчилгээний газар байгаа юу ?

Оюун :   Байгаа. Та яах гэсэн юм бэ ?

Ханако :   Гутлынхаа өсгийд юм тавиулах гэсэн юм.

Оюун :   Өө тийм үү, гуталчин[5] энэ хажуугийн байрны нэгдүгээр давхарт бий.

Ханако :   Баярлалаа.

*   *   *

Ханако :   Гутлынхаа өсгийг засуулмаар байна.

Гуталчин : Шир тавиулах юм уу ? Аль эсвэл резин наалгах юм уу ?

Ханако :   Харавтар өнгийн резин байвал наалгамаар байна.

Гуталчин : Тийм резин байгаа. Одоо шууд гутлынхаа өсгийг засуулах юм уу ?

Ханако : Чадвал тэгмээр л байна. Хэр зэрэг хугацаа хэрэгтэй бол?

Гуталчин : Өө удахгүй. Хориод минутанд бараг амжчих байхаа.

Ханако : За тэгвэл, одоо засуулъя.

Гуталчин : Тэгээ тэг.

注5) モンゴル国では，一般に道路事情が悪く，靴がいたみやすいことから，特に гуталчин (靴屋)のテーマを取り上げた。また，ахуйн үйлчилгээний газар (サービスセンター)には，その他，үсчин (散髪屋)，цагчин (時計屋)，зурагчин (写真屋)などがある。

人の事がうまく行けば
自分の行いもうまく行く

訳（орчуулга）

9. サービス

花子　：すみません。今日は。

オヨン：今日は。

花子　：この辺に最寄りのサービスセンターはありますか。

オヨン：ありますが，何の用事ですか。

花子　：靴のヒールを直したいんですが。（"靴のヒールに何かつけてほしいんですが"が原義）

オヨン：ああ，そうなの。靴屋さんは，この横の建物の一階にあります。

花子　：ありがとう。

*　　　*　　　*

花子　：靴のヒールを直してほしいんですが。

靴屋　：皮をつけましょうか，それともゴムを貼りましょうか。

花子　：黒っぽい色のゴムがあれば，貼ってもらいたいんですが。

靴屋　：そういうゴムはあります。今すぐ靴のヒールを直しましょうか。

花子　：できればそうしてほしいんです。どれくらい時間がかかりますか。

靴屋　：すぐです。20分くらいでほぼ出来上がるでしょう。

花子　：じゃ，それなら，今直してください。

靴屋　：はい，かしこまりました。

語句（үг хэллэг）

I. 名詞類

үйлчилгээ サービス
  ахуйн ～ サービス
хавь 付近，近く
ойрхон すぐ近くの
  (< ойр《近い》)
  ～ шиг 近めの
гутал 靴
өсгий かかと，ヒール
гуталчин 靴屋
хажуу そば，横

байр(ан) 住居，アパート
шир （大型家畜の）皮
резин ゴム
харавтар 黒っぽい
өнгө 色
хэр зэрэг どれくらい(程度を
  たずねる)
хугацаа 期間
хэрэгтэй 必要な
минут ～分

II. 動詞類

тавиул- つけさせる，つけても
  らう(тави-《置く，つける》の使
  役・授受)
засуул- 直させる，直してもら
  う(заса-《直す》の使役・授受)
наалга- 貼らせる，貼ってもらう
  (наа-《貼る》の使役・授受)
амжи- 間に合う，出来る

III. その他

аль эсвэл それとも
шууд すぐに，直接
чадвал できれば
  (< чада-《できる》)
бол ～かな，～だろうか(自問・
  疑問助詞)
удахгүй すぐに，間もなく
бараг ほとんど
байхаа ～だろう，～でしょう
  (推量・文末助詞)

説明 (тайлбар)

Ⅰ. 動詞の態 (үйл үгийн хэв)

モンゴル語には，基本的に次の5つの態がある。

形式	機能の変換	意味	
1. -ϕ-形 (үйлдэх хэв)	──	──	
2. -уул²-形 (үйлдүүлэх хэв) (〜-лга⁴-〜-га⁴-〜 -аа⁴-)	[自/他] → [他]	①使役・授受 (〜させる) (〜してもらう)	②迷惑・被害 (〜られる)
3. -гда⁴-形 (үйлдэгдэх хэв) (〜-да⁴-〜-та⁴-)	[他] → [自]	①受身 (〜られる)	②迷惑・被害 (〜られる)
4. -лца⁴-形 (үйлдэлцэх хэв)	([自] → [自] [他] → [他])	①共同 (共に〜する)	②相互 (互いに〜する)
5. -лда⁴-形 (үйлдэлдэх хэв)	[自/他] → [自]	①相互 (互いに〜する)	②共同 (共に〜する)

(自：自動詞，他：他動詞)

〈例文〉

1. Би машинаар хөдөө явав. (< ява-《行く》)
   私は車で田舎へ行きました。
2. Даян үсээ зас<u>уу</u>лав. (< заса-《整える，直す》)
   ダヤンは散髪してもらいました。

   Хүүхдээ сандлын хажууд су<u>улг</u>ав. (< суу-《座る》)
   子供をいすの横に座らせました。

   Д. Сүхбаатарын хөшөөг хэдэн онд бос<u>г</u>осон бэ？
   (< бос-《立つ，起きる》)

72

D. スフバータルの銅像を何年に建てましたか。

Та зуныхаа амралтыг яаж өнгөрөөсөн бэ？

(＜ өнгөрө-《過ぎる》)

あなたは夏休みをどのように過ごしましたか。

3. Хүнсний дэлгүүрүүд өглөө 8 цагт нээгддэг.

(＜ нээ-《開ける》)

食料品店は朝8時に開きます。

Таны дуу сайн дуулдаж байна．（＜ дуул-《聞く》)

あなたの声はよく聞こえます。

4. Хоёр долоо хоногийн өмнө түүнтэй танилцсан.

(＜ тани-《知る》)

2週間前に彼と知り合いました。

5. Тароо, Даян хоёр бөх барилдав．（＜ бари-《つかむ、握る》)

太郎とダヤンは相撲を取りました。

II．モンゴル語の授受表現《～してもらう》について

モンゴル語の授受表現は，一般に次のように動詞の -уул^2- 形を用いて表すことが多い。

```
日本語：       ～は       (～に)       ～してもらう
モンゴル語：    S     ＋ (S'-аар$^4$＋)    V'-уул$^2$-形
                      造格                 ↑
                      ～する               V
```

S …行為を受ける側（被動者）
S'…行為を行なう側（動作主）

〈例文〉

Та хэзээ үсээ засуулсан бэ？

あなたはいつ散髪してもらいましたか。

　　(засуул-《整えてもらう》＜ заса-《整える》)

Би танаар зургаа авахуулъя.

私はあなたに写真を取ってもらいたい。
　　（авахуул-《取ってもらう》＜ ав-《取る》）
Тароо Дорж багшаар монгол хэл заалгадаг.
太郎はドルジ先生にモンゴル語を教わっています。
　　（заалга-《教えてもらう，教わる》＜ заа-《教える》）

国立百貨店

練習 (дасгал)

Ⅰ. 次のかっこの中に適する動詞の態の形を入れて文を完成させなさい。

1. Бат, Дорж хоёр нэлээн удаан яри(　　　　)лаа.
2. Энэ ном маш ховор учраас ол(　　　　)хгүй байхаа.
3. Та аав ээждээ захиа яв(　　　)сан уу?
4. Тэр хоёр бөх ана мана ноцо(　　　　)ж байна.
5. Гэрийн гадаа ямар нэгэн хүний хөлийн чимээ сонсо-(　　　　)лоо.
6. Намайг маргааш өглөө яг 6 цагт сэр(　　　　)-гээрэй.

```
-до- , -лдо- , -гд- , -ээ- , -уул- , -лц-
```

Ⅱ. 次のかっこの中に最も適する動詞を入れて，授受表現《〜してもらう》を完成させなさい。

1. Би цагаа (　　　　)маар байна.
2. Би зургаа (　　　　)маар байна.
3. Би монгол хэл (　　　　)маар байна.
4. Би монгол дээл (　　　　)мээр байна.
5. Би машинаар (　　　　)мээр байна.
6. Би сахлаа (　　　　)маар байна.

```
хийлгэ- , хусуул- , авахуул- ,
бичүүл- , засуул- , заалга-
```

БИЧ (猿/申)

Үзсэн бүгдийг элэглээд байдаг
Илбэчин эрдэмтэй бич есөн жил
　見たるすべてをあざけれる
　　手品師，才ある猿，第九の年

チンギスホテル

Аавын бийд хүнтэй танилц
Агтны бийд газар үз

10. МАЛ АЖ АХУЙ

Мал аж ахуй бол Монголын хөдөө аж ахуйн үндсэн гол салбар мөн. Монгол улсад 32.8 (гучин хоёр аравны найман) сая толгой мал бий. Үүний 14.7 (арван дөрөв аравны долоон) сая нь хонь, 11 (арван нэг) гаруй сая нь ямаа, 3.7 (гурав аравны долоон) сая нь үхэр, 3 (гурав) гаруй сая нь адуу, 356 (гурван зуун тавин зургаан) мянга нь тэмээ болно.

Адуу, үхэр, тэмээ, хонь, ямааг монголчууд "таван хошуу мал" хэмээн нэрлэдэг. Адуу, үхэр, тэмээ гурвыг "бод мал" гэдэг бөгөөд эдгээрийг уналга тээвэрт их ашигладаг. Хонь, ямаа хоёрыг "бог мал" гэдэг юм. Малын сүүгээр ааруул, аарц, бяслаг, гүүний айраг, өрөм, тараг, хоормог, цөцгий, шар тос, шимийн архи гэх мэтийн цагаан идээг гар аргаар гэрийн нөхцөлд боловсруулан хийж, өдөр тутмынхаа хоол унданд өргөн хэрэглэсээр ирсэн түүхтэй билээ.

Малчид жилийн дөрвөн улиралд хаваржаа, зуслан, намаржаа, өвөлжөөнд сэлгэн бууж нүүдэллэн амьдардаг юм.

　　　　　　　　　　　　　父のいるときに人と知り合え
　　　　　　　　　　　　　馬のいるときに土地を見ろ

訳（орчуулга）

10．牧畜

　牧畜はモンゴルの農牧業の主要分野です。モンゴル国には3280万頭の家畜がいます。そのうち，1470万が羊，1100万余りが山羊，370万が牛，300万余りが馬，35万6千がラクダです。

　馬，牛，ラクダ，羊，山羊を，モンゴル人は"таван хошуу мал"《五畜》と呼んでいます。馬，牛，ラクダの3つを"бод мал"《大型家畜》と言って，輸送手段によく利用します。羊と山羊を"бог мал"《小型家畜》と言います。家畜の乳で，アーロール，アールツ，ビャスラグ，馬乳酒，ウルム，タラグ，ホールモグ，ツォツギー，シャル・トス，シミーン・アルヒなどの乳製品を，手で自家製で加工して作り，毎日の食料に広く用いてきた歴史があります。

　牧民たちは一年の四季を春営地，夏営地，秋営地，冬営地と場所を変えて宿営し，遊牧をして暮らしています。

語句（үг хэллэг）

I. 名詞類

мал аж ахуй　牧畜
хөдөө аж ахуй　農牧業
үндсэн　基本的な
толгой　〜頭；頭
мал　家畜
　бод 〜　大型家畜，
　бог 〜　小型家畜
хонь　羊
ямаа　山羊
үхэр　牛
адуу　馬
тэмээ　ラクダ
эдгээр　これら，これらの
уналга тээвэр　輸送手段
их　非常に，多く
сүү　乳，ミルク
ааруул　アーロール：乾燥させた凝乳
аарц　アールツ：乾燥してない凝乳
бяслаг　ビャスラグ：酸味の強いチーズ
гүүний айраг　馬乳酒

өрөм　ウルム：バタークリーム
тараг　タラグ：ヨーグルト
хоормог　ホールモグ：飲むヨーグルト
цөцгий　ツォツギー：サワークリーム
шар тос　シャル・トス：バターオイル
шимийн архи　シミーン・アルヒ：乳酒
цагаан идээ　乳製品
гар аргаар　手製で
нөхцөл　条件
өдөр тутам　毎日
хоол унд　飲食物
өргөн　広い；広く
малчид　牧民たち
　（малчин《牧民》の複数）
хаваржаа　春営地
зуслан　夏営地；夏の保養地
намаржаа　秋営地
өвөлжөө　冬営地

II. 動詞類

ашигла-　利用する
боловсруул-　加工する
хэрэглэ-　使う，用いる
сэлгэ-　交換する，交替する

буу-　宿営する；下りる
нүүдэллэ-　遊牧する

амьдра-　生活する

Ⅲ．その他
гаруй　〜余り，〜以上
хэмээн　〜と
　（< хэмээ-《言う》）

бөгөөд　〜であって
билээ　〜なんですよ（既知の事柄を強調的に述べる文末助詞）

牧民の暮らし

説明 (тайлбар)

Ⅰ. 高位数詞 (их тооны нэр), 分数 (бутархай тоо),
   小数 (аравтын бутархай)

1. 高位数詞 (их тооны нэр)

> キーワードは，мянга《1000》と сая《100万》の2つ

特にハルハ・モンゴル語の話し言葉では，1万を超える高位数詞に対して，1万・10万は，мянга《1000》を基準に，1000万・1億は，сая《100万》を基準にして次のように表すことが多い。

мянга		1000
арван мянга	(түм)	1万
зуун мянга	(бум)	10万
сая		100万
арван сая	(живаа)	1000万
зуун сая	(дүнчүүр)	1億
миллиард / тэрбум		10億

2. 分数 (бутархай тоо)

モンゴル語で，$\frac{B}{A}$ という分数は，数詞に -н のついた属格 -ны, -ний を用いて，A-ны^2 B (A の B) という形で表わす。(この場合，元来は -н をもたない хоёр も хоёрны となることに注意)

〈例〉

$\frac{1}{2}$ ... хоёрны нэг $\frac{2}{3}$ ... гуравны хоёр
   (*хоёрын)   (*гурвын)

$\frac{3}{4}$ ... дөрөвний гурав $\frac{7}{19}$ ... арван есний долоо
   (*дөрвийн)   (*есийн)

3. 小数 (аравтын бутархай)

小数も原則として分数に直して表わす。

〈例〉

0.1 　　($\to \frac{1}{10}$) ………… аравны нэг
0.01 　　($\to \frac{1}{100}$) ……… зууны нэг
0.001 　($\to \frac{1}{1000}$) ……… мянганы нэг
2.9 　　($\to 2+\frac{9}{10}$) …… хоёр аравны ес
6.38 　　($\to 6+\frac{38}{100}$) … зургаа зууны гучин найм
8.014 　($\to 8+\frac{14}{1000}$) … найм мянганы арван дөрөв

II. 五畜 (таван хошуу мал) について

モンゴル語では，五畜は，特に性別(雄か雌か，もし雄であれば去勢したか否か)や年齢などによって，それぞれ名称が異なる。

1. 大型家畜 (бод мал)

		《馬》	《牛》	《ラクダ》
総称		адуу	үхэр	тэмээ
雄	種〜	азрага	бух	буур
	去勢〜	морь	шар	ат
雌		гүү	үнээ	ингэ
〜1歳		унага	тугал	ботго
〜2歳		даага	бяруу	тором

2. 小型家畜 (бог мал)

		《羊》	《山羊》
総称		хонь	ямаа
雄	種〜	хуц	ухна
	去勢〜	ирэг	сэрх
雌		(нас гүйцсэн) эм хонь	эм ямаа
〜1歳		хурга	ишиг
〜2歳		төлөг	шүдлэн ямаа

練習 (дасгал)

Ⅰ. 次の数詞をモンゴル語で書きなさい。
 1. Энэ ном 27,000 (　　　　　　　) төгрөгийн үнэтэй.
 2. Миний найз ноднин нэг герман машиныг 3,800,000 (　　　　　　) иенээр авсан.
 3. Тэр компани энэ жил гадаадаас 18,000,000 (　　　　　　) долларын хөрөнгө оруулалт авах гэнэ.
 4. Монгол улсын хүн амын бараг $\frac{1}{4}$ (　　　　　　) нь Улаанбаатарт байдаг.
 5. Ноднинг бодвол энэ жил юмны үнэ 2.5 (　　　　　　) хувь нэмэгджээ.
 6. Японы нутаг дэвсгэрийн $\frac{3}{4}$ (　　　　　　) хувийг уулархаг газар эзэлдэг.

Ⅱ. 次にあげるものは諺などの慣用表現です。かっこの中に適する家畜名称を入れて文を完成させなさい。
 1. a. Сүүлчийн (　　　　　)ний ачаа хүнд
    b. (　　　　　)ны мах халуун дээрээ
    c. Үнэнээр явбал
       (　　　　　) тэргээр туулай гүйцнэ
    d. Хөнжлийнхөө хэрээр хөлөө жийж
       (　　　　　)ныхаа хэрээр исгэр
    e. (　　　　　) чоно хоёр шиг

 адуу , үхэр , тэмээ , хонь , ямаа

2. a. Буруу өссөн хүүхэд
   (　　　　)ын хүзүүнээс хэцүү
   b. Зуун ямаанд
   Жаран (　　　　)
   c. Хөгшин (　　　　)
   Жороо сурах
   d. Үхсэн (　　　　)ын толгойноос
   Амьд ат айдаг
   e. Элгэн хад өөд
   Төлгөн (　　　　) мөргөнө

   азрага , бух , буур , хуц , ухна

Үүрийн шөнөөр донгодоод байдаг
Эвэр хошуутай тахиа арван жил
　夜明けに鳴ける
　角の如き嘴ある鶏，第十の年

ТАХИА (鶏／酉)

Зовох цагт нөхрийн чанар танигдана
Ядрах цагт янагийн тар мэдэгдэнэ

11. ЭМНЭЛЭГ

Оюун: Сайн байна уу? Эмч ээ.

Эмч: Сайн. Сайн байна уу?

Оюун: Шүдээ үзүүлэх гэсэн юм.

Эмч: Шүд чинь яасан юм бэ?

Оюун: Өчигдөр оройноос хойш дээд шүд маань янгинаж өвдөөд ер унтуулсангүй.

Эмч: За тэгвэл, ийшээ суу даа. Шүдий чинь юуны өмнө гэрэлд харъя.

Оюун: За.

Эмч: Таны хоёр шүд хорхойтсон байна.

Оюун: Тийм үү. Одоо яанаа.

Эмч: Та "эрүүл мэндийн даатгалын дэвтэр"-ээ авч яваа биз дээ.

Оюун: Авч явалгүй яах вэ. Өнөөдрөөс эхлээд шүдэндээ эмчилгээ хийлгүүлмээр байна.

Эмч: Болно. Тэхдээ манай эмнэлэг үдээс хойш л

        эмчилгээ хийдэг дотоод журамтай шүү.

Оюун : Яагаад ?

Эмч : Өглөөгүүр үзлэг хийгээд тун зав муутайхан байдаг учраас үдээс хойшдоо эмчилгээ хийдэг юм даа.

Оюун : Аа тийм үү. Би ямар эмчилгээ хийлгэх шаардлагатай вэ ?

Эмч : Нэг шүдий чинь авах хэрэгтэй. Харин нөгөөгий нь ломбодно.

Оюун : Баярлалаа.

Эмч : Өнөөдөр үдээс хойш 3 (гурван) цаг хагаст ирээрэй.

Оюун : За, мэдлээ.

苦しいときに友人の本性が知れる
困ったときに恋人の性分がわかる

訳（орчуулга）

11．病院

オヨン：先生，今日は。

医者　：はい，今日は。

オヨン：歯を見ていただきたいんですが。

医者　：どうされましたか。

オヨン：きのうの晩から上の歯がうずいて全く眠れませんでした。

医者　：それではここにおかけください。まずライトを当てて歯を見てみましょう。

オヨン：はい。

医者　：歯が2本虫歯になっています。

オヨン：そうですか。まあ，どうしましょう。

医者　：健康保険手帳はお持ちでしょうか。

オヨン：はい，持っています。今日から歯を治療してもらいたいんですが。

医者　：はい，いいですよ。でも，うちの病院は午後だけ治療を行うという内規になっているんです。

オヨン：どうしてですか。

医者　：午前中は診察をしてとても忙しいので，午後に治療をするんですよ。

オヨン：ああ，そうなの。私にはどんな治療が必要でしょうか。

医者　：一本の歯は抜かなければなりません。もう一本の歯には詰め物をします。

オヨン：ありがとうございます。

医者　：今日，午後三時半に来てください。

オヨン：はい，わかりました。

第一病院

語句 (үг хэллэг)

Ⅰ. 名詞類

эмнэлэг 病院
эмч 医者
шүд 歯
хойш (〜から)後
дээд 上の
ер (〜гүй) 全く(〜でない)
ийшээ こちらへ, こっちへ
гэрэл 光, ライト
эрүүл мэнд 健康
даатгал 保険
дэвтэр ノート, 手帳
өнөөдөр 今日
эмчилгээ 治療
　〜 хий- 〜を行う
манай 私たちの(бид《私たち》の属格, 排除形)

үд 正午,
　үдээс хойш 午後
дотоод журам 内規
өглөөгүүр 午前中, 朝方
үзлэг 診察
зав 暇
　〜 муутай 暇がない, 忙しい
шаардлага 要求
-х шаардлагатай
　〜が要求される
хэрэгтэй 必要な
-х хэрэгтэй 〜する必要がある, 〜しなければならない
нөгөө もう一つの
цаг 〜時
хагас 〜半；半分

Ⅱ. 動詞類

янгина- うずく
өвд- 痛む
унтуул- 眠らせる
　(унта-《眠る》の使役形)
хара- 見る
хорхойто- 虫がつく
　шүд 〜 虫歯になる
авчява- 持って行く

хийлгүүл- (第3者に)してもらう(хийлгэ-《させる, してもらう》の使役・授受)
яагаад どうして, なぜ
　(< я- 《どうする》)
ломбодо- (歯に)詰め物をする
мэдэ- わかる, 知る

Ⅲ. その他

чинь 君の, あなたの（2人称・単数の人称所有語尾）

маань 私の, 私たちの（1人称・複数の人称所有語尾）

тэхдээ しかし, でも（тэгэхдээ の簡略形式）

шүү ～よ（断定・文末助詞）

説明（тайлбар）

I. 再帰所有語尾（ерөнхийлөн хамаатуулах нөхцөл）

名詞の所有語尾には，a．人称所有語尾（第2章参照）とb．再帰所有語尾の二種類があり，ここでは後者について述べる。

〈ポイント〉

1. 全体の位置付け（語順に注意）

> 名詞(N)＋格語尾＋所有語尾
> $\begin{cases} a．\underline{人称所有}（分かち書きする） \\ b．\underline{再帰所有}（続けて書く） \end{cases}$

2. 形式と意味

> 再帰所有語尾：-aa⁴《自分の～》
> 主語(S) … -aa⁴（文のSに一致する）

〈例文〉

- 〈名詞＋格語尾＋再帰所有〉の場合

  Би ахтайгаа уулзсан.
   　　└─共同格─┘

  私は(自分の)兄と会いました。

注）この場合，ax は，主語に一致するところの〈私の兄〉を指す。また，*ахтай миньや *миний ахтай は，この文の主語の би と重複するので，非文であることに注意されたい。

cf.〈名詞＋格語尾＋人称所有〉の場合

  Би ахтай | ① чинь | уулзсан.
  　　　　 | ② нь　 |

  ①私はあなたの兄と会いました。
  ②私は彼(彼女/彼ら/彼女ら)の兄と会いました。

3. 注意事項

a. 再帰所有語尾が対格の後に来る場合,対格がゼロになる場合とそうでない場合とがある。

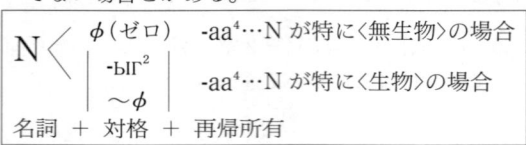

```
N ⟨ φ(ゼロ)      -aa⁴…N が特に〈無生物〉の場合
    -ыг²
    ～φ          -aa⁴…N が特に〈生物〉の場合
名詞 ＋ 対格 ＋ 再帰所有
```

〈例文〉

次の2つの文を比較されたい。

- Дулмаа   дандаа   гэрээ   санадаг.
                      (*гэрийгээ)   [гэр は無生物]
  ドルマーは いつも   (自分の)家を   恋しく思います。

- Дулмаа   дандаа   ээжийгээ   санадаг.
                      ～ээжээ   [ээж は生物]
  ドルマーは いつも   (自分の)母を   恋しく思います。

また,次のように再帰所有が多く現れる文にも注意されたい。

Би гэрээсээ номоо авчрахаа мартчихаж.
            (*номыгоо)(*авчрахыгаа)

私は(自分の)家から(自分の)本を(自分が)持ってくるのを忘れてしまいました。

b. 再帰所有語尾が属格の後に来る場合は,*-aa⁴ではなく-xaa⁴になる。

```
N        -ын²     -хаа⁴
名詞 ＋  属格 ＋  再帰所有
```

〈例文〉

- Баяраа   аавынхаа   номыг   гээчихсэн.
             (*аавынаа)
  バヤラーは (自分の)父の   本を   なくしてしまいました。

- Чи аав ээжийнхээ үгэнд ордог ёстой сайн хүүхэд юмаа.
        (*ээжийнээ)

君は(自分の)両親の言うことを聞く本当によい子ですね。
(үгэнд орох《(人の)言うことを聞く》)

Ⅱ. 身体器官名称 (биеийн эрхтний нэр)について

1. 外部器官 (гадаад эрхтэн)

頭部 (толгойн хэсэг)	толгой (頭) үс (毛) нүүр (顔) нүд (目) хацар (頬) чих (耳) хамар (鼻) ам (口) шүд (歯) хэл (舌)	дух (額) дагз (後頭部) хөмсөг (眉毛) сормуус (まつ毛) сахал (ひげ) уруул (唇) завьж (口の両端) тагнай (口蓋) эрүү (あご) хоолой (のど)
胸部 (цээжин бие)	гар (手) хуруу (指) хүзүү (首) нуруу (背中) цээж (胸)	бугуй (腕) тохой (肘) мөр (肩) ташаа (脇腹) өвчүү (胸部)
下半身 (бөгсөн бие)	хөл (足) бөгс (尻) өвдөг (ひざ)	шилбэ (すね) гуя (太もも) борви (アキレス腱)

2. 内部器官 (дотор эрхтэн)

★ зүрх (心臓)	ходоод (胃)
★ уушги (肺)	гэдэс (腸)
★ бөөр (腎臓)	давсаг (膀胱)
★ элэг (肝臓)	цөс (胆のう)
★ дэлүү (脾臓)	мухар олгой (盲腸)

★この五つを合わせて，таван цул (五臓)と言う。

3. その他

арьс (皮膚), яс (骨), мах (肉), цус (血), булчин (筋肉)など。

練習 (дасгал)

Ⅰ. 次のかっこの中に適する所有語尾(再帰所有語尾または人称所有語尾)を入れて文を完成させなさい。

1. Хүү (　　　　), наашаа ир.
2. Та нар аав ээжийн(　　　　) тухай гэрт(　　　　) бичээд ирээрэй.
3. Таны мэргэжил (　　　　) юу вэ?
4. Цэцгээ хоёр хүүхэдтэй. Хүү (　　　　) их сургуулийн оюутан. Охин (　　　　) дунд сургуулийн сурагч.
5. Би уржигдар найзтай(　　　　) хамт кино үзсэн.
6. Аав ээж (　　　　) хотод биш, хөдөө байдаг.
7. Та зуны(　　　　) амралтыг яаж өнгөрөөсн-(　　　　) товчхон ярихгүй юү.
8. Сайн ойлгохгүй байвал багшаас(　　　　) асуугаарай.

```
минь , маань , чинь, нь , нь ,
-аа , -ээ , -өө , -хаа , -хээ , -гаа
```

Ⅱ. 次のかっこの中に適する身体器官名称を入れて慣用句を完成させなさい。

1. a. (　　　　) тайлах (見聞を広める)
   b. (　　　　)аа барих (後悔する)
   c. (　　　　)аа сөхөх (うぬぼれる)
   d. (　　　　) хагарах (うち解ける)
   e. (　　　　) зангидах (不愉快になる)

```
нүүр , хөмсөг , нүд , хамр (← хамар) , ам
```

2. a. хатуу (　　　　)тай хүн (けちん坊)
　b. (　　　) сайтай хүн (記憶力のいい人)
　c. (　　　) ихтэй гудамж (にぎやかな通り)
　d. (　　　) нэмэх (力を貸す)
　e. (　　　) тулах (威張る)

> цээж , ташаа , гар , хуруу , хөл

3. a. (　　　　) гарах (満腹になる)
　b. (　　　　) алдах (おじける, 臆する)
　c. чоно шиг (　　　　)той (腹をこわさない)
　d. (　　　)ий нь авах (子供を叱ってこわがらせる)
　e. (　　　)ээ хөштөл хөхрөх (抱腹絶倒する)

> зүрх , бөөр , элг (← элэг) , ходоод , гэдэс

НОХОЙ (犬 / 戌)

Хортон дайсныг хоргоогоод
　　　　　　　　　　байдаг
Хон хон дуутай нохой арван нэгэн
　　　　　　　　　　жил

害ある敵にまとわりつける
ワンワン吠ゆる犬, 第十一の年

Ам алдвал барьж болдоггүй
Агт алдвал барьж болдог

12. ҮГЭН ТОГЛООМ

Монголд үгэн тоглоомд хэл зүгшрүүлэх үг, жороо үг, оньсого, түргэн хэллэг зэргийг оруулдаг юм.

Хэлж өгүүлэхэд бэрхшээлтэй авиануудыг зориудаар ойр ойрхон давтан оруулсан байдагт хэл зүгшрүүлэх үгийн гол онцлог оршино.

Жишээ нь :

Суран жолоо

Хулан жороо;

Хурд ихтэй хул морь

Хур дэлтэй бор морь;

Хүрэл илүүр

Болор соруул.

Монгол хэлний жороо үг нь үг хэллэгийн утга агуулгыг танин мэдүүлэх, бас үг холбон найруулах аргад сургах зорилготой юм. Жороо үгийг хэрэн шүлэглэж хэлдэг.

Жишээлбэл :

Монголын сайхан уул

Уулын өндөр даваа

Давааны хэцүү зам

Замын олон айл

Айлын цагаан гэр

Гэрийн дулаан дээл

Дээлийн мөнгөн товч

Товчны бөх шилбэ.

Оньсого таавар бол хүний оюун ухаан, сэтгэн бодох чадварыг идэвхжүүлэн сайжруулах нэгэн зүйлийн дасгал мөн. Монголд оньсого олон бий.

{ Мөсөн дээр
{ Мөнгөн аяга (*сар*)

{ Галд шатдаггүй
{ Усанд живдэггүй (*мөс*)

{ Будавч хар
{ Булавч ил (*сүүдэр*)

Үгэн тоглоом нь товчхон хэлэхэд тоглоом наадам төдийгүй, монгол ардын аман зохиолын биеэ даасан нэгэн төрөл зүйл мөн билээ.

失言すればつかまえられない
馬を失えばつかまえられる

訳（орчуулга）

12. 言葉遊び

モンゴルでは，言葉遊びに舌慣らし言葉，跑足言葉，なぞなぞ，早口言葉などを含めます。

発話するときに困難を伴う音をわざと近くに繰り返し用いたところに舌慣らし言葉の主な特徴があります。

例えば，

　　{ 皮製の手綱
　　{ 野生馬の跑足

　　{ スピードの速い栗毛の馬
　　{ 刈ってないたてがみをもつ灰色の馬

　　{ ブロンズの火のし
　　{ 水晶の吸い口（キセルの）

モンゴル語の跑足言葉は，語句の意味内容を知って人に知らせる，また単語をつなぎ組み立てる方法に慣らす目的があります。跑足言葉はつないで韻文詩にして言います。

例えば，

　　　モンゴルの美しい山

　　　山の高い峠

峠の険しい道

　　道の多くの家々

　　家々の白いゲル

　　ゲルの暖かいデール(モンゴル服)

　　デールの銀のボタン

　　ボタンの丈夫な紐

　なぞなぞは，人の知性や思考能力を活発にして向上させる一種の訓練です。モンゴルには，なぞなぞはたくさんあります。

　　$\begin{cases} 氷の上に \\ 銀の茶わん(→月) \end{cases}$

　　$\begin{cases} 火に燃えない \\ 水に沈まない(→氷) \end{cases}$

　　$\begin{cases} 塗っても黒 \\ 埋めてもくっきり(→影) \end{cases}$

　言葉遊びは，簡単に言うと遊びだけでなく，モンゴル民間口承文芸の独立した一つのジャンルなのです。

語句（үг хэллэг）

I．名詞類

тоглоом　遊び
　～ наадам　遊び
хэл　舌；言葉
жороо　跑足
оньсого　なぞなぞ
　～ таавар　なぞなぞ
түргэн　速い
хэллэг　言い回し，表現
бэрхшээл　困難
авиа　音，音声
зориуд　わざと，故意に
жишээ　例　～ нь　例えば
жолоо　手綱
хулан　野生馬
хурд　スピード，速さ
хул　栗毛の
дэл　たてがみ
　хүр ～　去年から刈ってないたてがみ
бор　（馬の毛色が）灰色の，（物が）茶色の
хүрэл　ブロンズ，青銅
илүүр　火のし
болор　水晶
соруул　（キセルの）吸い口
агуулга　内容
арга　方法

зорилго　目的
даваа　峠
хэцүү　困難な，厳しい
зам　道
олон　多くの，たくさんの
айл　家，家族
цагаан　白い
гэр　ゲル，家
дулаан　暖かい
дээл　デール（モンゴル服）
мөнгө　銀
товч　ボタン
бөх　（服・靴などが）強い，丈夫な
шилбэ　ボタン紐
оюун ухаан　知性，知恵
чадвар　能力
дасгал　練習，訓練
мөс　氷
гал　火
ус　水
хар　黒い
ил　明らかな；目に見える
сүүдэр　影
төдийгүй　～だけでなく，～のみならず
ард　人民　～ын　民間の
аман зохиол　口承文芸

төрөл зүйл　ジャンル

II. 動詞類

зүгшрүүл-　慣らす
　(зүгшрэ-《慣れる》の使役)
оруул-　入れる
　(оро-《入る》の使役)
хэлэ-　言う，話す
өгүүл-　語る，述べる
давта-　繰り返す
тани-　知る，認識する
мэдүүл-　知らせる
　(мэдэ-《知る》の使役)
холбо-　結びつける
найруул-　組み立てる，編集する
сурга-　教える；慣らす
　(сур-《学ぶ；慣れる》の使役)
хэрэ-　結ぶ，くくる
шүлэглэ-　韻文詩にする
сэтгэн бодо-　思考する
идэвхжүүл-　活発にする
сайжруул-　向上させる，良くする(сайжра-《良くなる》の使役)
шата-　燃える
жив-　沈む
буда-　塗る
була-　埋める
биеэ даа-　独立する

III. その他

товчхон хэлэхэд　簡単に言うと

説明 (тайлбар)

I. モンゴル語の文の構造 (өгүүлбэрийн бүтэц)

モンゴル語では，文をその構造の点から概略次のように分類できる。

```
                    өгүүлбэр (文)
                   /            \
      1. энгийн өгүүлбэр      нийлмэл өгүүлбэр
          (単文)                (複文[広義の])
                              /              \
                    2. энгийн           3. хавсарсан
                       нийлмэл              нийлмэл
                       өгүүлбэр             өгүүлбэр
                       (重文)                (複文[狭義の])
```

〈例文〉

1. 単文…節(「主語＋述語」の形式をもつ構造)が1つだけのもの。
   Чи ирлээ. Тэр явлаа.
   君は来ました。彼は行きました。

2. 重文…2つ(以上)の節が対等に結ばれたもの。
   Чи ирж, тэр явлаа.
   君が来て，彼は行きました。

3. 複文…中心となる節に従属的な節が結びつけられたもの。
   Чамайг ирмэгц тэр явлаа.
   君が来るとすぐに彼は行きました。

II. 複文 (хавсарсан нийлмэл өгүүлбэр)

主節 (гол өгүүлбэр) と従属節 (гишүүн өгүүлбэр)からなる文を複文と言う。

1. 〈ポイント〉その1

> 主節と従属節の主語が異なる場合，
> → ｛ 主節の主語は主格
>   従属節の主語は主に属格または対格

〈例文〉

a. 従属節の主語が属格の場合

- Би　　таны ирэхийг хүлээж байсан.
  (主格) (属格)　従属節　　　　　主節
  私は　　あなたの　来るのを　待って　いました。

b. 従属節の主語が対格の場合

- Намайг　Монголд байхад　Лувсандорж багш монгол хэл
  (対格)　　従属節　　　　　　主節

  заадаг байсан.
  私がモンゴルにいるとき，ロブサンドルジ先生がモンゴル語を教えていました。

  注) байхад の -хад⁴ は -х (未来・連体語尾) + а⁴ (介入母音) + д (与位格)からなり，《〜するとき("〜するのに"が原義)》の意で時を表示する。

- Биднийг суудалдаа суумагц кино эхлэв.
  (対格)　　従属節　　　　主節

  私たちが席につくとすぐに映画が始まりました。

2. 〈ポイント〉その2

> 主節と従属節の主語が一致する場合，
> 従属節の述語形式に再帰所有語尾
> -аа⁴ が付加されることが多い。

103

〈例文〉

- <u>Би</u> <u>Монголд байхдаа</u> <u>Лувсандорж багшаар монгол хэл</u>
  (主節)　　　従属節　　　　　　　　主節

  <u>заалгадаг байсан</u>.

  (заалга-《教えてもらう，教わる》＜ заа-《教える》)

  私はモンゴルにいるとき，ロブサンドルジ先生にモンゴル語を教わっていました。

  注）この場合，文頭の би は，主節の主語でもあり，従属節の主語でもあるため，従属節の述語形式は，*байхад ではなく байхдаа ［← бай<u>хад</u>＋ <u>аа</u>（再帰所有語尾）］となる。

- <u>Даян</u> өглөө <u>босмогцоо</u> <u>цонхоо нээв</u>.
  (主節)　　　従属節　　　主節
  　　　　［← босмогц ＋ оо］

  ダヤンは 朝 起きるとすぐに 窓を開けました。

練習（дасгал）

I. 次のかっこの中に最も適する動詞の述語形式を入れて文を完成させなさい。

1. Таныг ир(　　　　) би явъя.
2. Намайг энд бай(　　　　) таныг сураглаж хоёр хүн ирээд явсан.
3. Сайн бодож байгаад сүүлд нь сана(　　　　) танд хэлье.
4. Тароо Монголд суралцаж бай(　　　　) оюутны байранд суудаг байсан.
5. Би ир(　　　　) чам руу утасдана.
6. Таныг ява(　　　　) их санах байх даа.

```
-хад , -хдаа , -мэгц , -мэгцээ ,
-хлаар⁶⁾, -хлараа
```

注6) -хлаар⁴ (～-хаар⁴) は，直後（дагалдах）を示す動詞の連用語尾で，《～したら，～したらすぐに》の意を表す。

II. 次は言葉遊びに関する問題です。
  1. 次の舌慣らし言葉を何度も繰り返し声に出して練習しなさい。

  a. Ээжийн ээрүүл, илүүр, бариул гурав.
     お母さんの糸車, 火のし, 取っ手の3つ。
  b. Эргэн дээр элээ, хэрээ, галуу гурав эргэлдэж байна.
     岸の上をとんび, からす, 雁の3羽がぐるぐる回っている。
  c. Зүүн уулын арын айл ойр уу？
     東の山の北斜面の家が近いか。
     Баруун уулын арын айл ойр уу？
     西の山の北斜面の家が近いか。

2. 次のなぞなぞを解いて答えなさい。

a. { Хэлгүй байтлаа үглэдэг
    Хөлгүй байтлаа гүйдэг   (   )

b. { Хэл бүгдээр ярьдаг хүн
    Хэн бүхнийг дууриадаг хүн   (   )

c. { Мэддэгт мэргэн цоохор
    Мэддэггүйд эрээн цоохор   (   )

d. { Сууж байгаа нь шувуу шиг
    Шунаж байгаа нь чоно шиг   (   )

e. { Урдаа сэрээтэй
    Дундаа хөхүүртэй
    Ардаа ташууртай   (   )

ном , үхэр , шумуул , цуурай , гол

Хөрст дэлхийг сэндийлээд байдаг
Хөндлөн соёотой гахай арван хоёр
жил

土地を掘り返せる
横に牙ある猪，第十二の年

ГАХАЙ (猪／亥)

Бөх хүн
Бүдүүн өвсөнд бүдрэх

13. СПОРТ

Даян : Таны сонирхдог спорт юу вэ ?

Тароо : Хөнгөн атлетик.

Даян : Хөнгөн атлетикийн чухам ямар төрөлд нь дуртай вэ ?

Тароо : Гүйлт. Ойрын зайн гүйлтэнд л илүү дуртай даа.

Даян : Аа тийм үү. Гүйлт чинь дотроо тийм олон төрөлтэй юм уу ?

Тароо : Ойрын зайн гүйлт, буухиа гүйлт, холын зайн гүйлт гэж байдаг юм.

Даян : Их юм мэдэж авлаа. Баярлалаа, танд.

Тароо : Зүгээрээ. Харин та ямар спортод дуртай вэ ?

Даян : Бөх.

Тароо : Бөх гэвэл янз бүр байдаг биз дээ.

Даян : Тэгэлгүй яах вэ. Монгол үндэсний бөх, чөлөөт бөх, самбо бөх, жүдо бөх гээд олон янз байдаг юм. Би бол үндэсний бөхөд нь хамгийн дуртай.

Тароо : Үнэнээ хэлэхэд, самбо бөхийн тухай бол би бараг

мэдэхгүй шүү.

Даян : Өө тэгвэл, дараа нэг удаа тантай хамт самбо бөхийн тэмцээн үзье байз.

Тароо : Өө яасан сайн юм бэ.

モンゴル相撲

力士も
太い草につまずく

訳（орчуулга）

13．スポーツ

ダヤン：あなたの興味のあるスポーツは何ですか。

太郎　：陸上競技です。

ダヤン：陸上競技の一体どんな種目が好きですか。

太郎　：トラック競技です。短距離がとりわけ好きなんですよ。

ダヤン：ああ，そうなの。トラック競技にはそんなにたくさんの種目があるんですか。

太郎　：短距離，リレー，長距離というのがあります。

ダヤン：よくわかりました。どうもありがとう。

太郎　：どういたしまして。あなたの方はどんなスポーツが好きですか。

ダヤン：ブフォ（格闘技）です。

太郎　：ブフォと言えばいろいろあるんでしょ？

ダヤン：はい，もちろんです。モンゴル相撲，レスリング，サンボ，柔道などたくさんあります。僕はモンゴル相撲が一番好きです。

太郎　：実を言うと，サンボについては，僕はほとんど知らないんですよ。

ダヤン：ああ，それなら，今度一度あなたといっしょにサンボの
　　　　試合を見ましょうね。
太郎　：ああ，それはとてもいいですね。

競馬

弓射

語句（үг хэллэг）

I. 名詞類

спорт スポーツ
хөнгөн атлетик 陸上競技
төрөл 種類
дуртай 好きな
   与位格＋〜 〜が好きな
гүйлт 競走
   ойрын зайн 〜 短距離競走
   холын зайн 〜 長距離競走
   буухиа 〜 リレー競走
илүү いっそう，さらに
дотроо 中に，中は
зүгээр どういたしまして
   （баярлалаа《ありがとう》の返答として）
бөх ブフォ：モンゴル相撲，レスリング，柔道，サンボなどの格闘技全般を指す。
чөлөөт 〜 フリースタイルのレスリング
янз бүр, олон янз 様々，いろいろ
хамгийн 一番，最も
тухай 属格＋〜 〜について，〜に関して
удаа 度，回
тантай あなたと（та《あなた》の共同格）
хамт （〜と）一緒に
тэмцээн 試合，競技

II. 動詞類

мэдэж ав- よくわかる，十分わかる

III. その他

〜юм уу？ 〜なんですか（軽い驚き・新発見を示す疑問助詞）
гэвэл 〜と言えば
   （＜ гэ-《言う》）
бол 〜は（話題表示）
үнэнээ хэлэхэд 実を言うと
(-я³) байз じゃ（〜しましょう）ね（自らの関与を軽く伝達する文末助詞）

説明（тайлбар）

I. 動詞のアスペクト（үйл үгийн байдал）

動詞の行為を時間の中で把えるのではなく，その様式によって把える方法をアスペクト(相)と言う。モンゴル語では，動詞のアスペクトを表示する場合，大きく1.アスペクト述語形式と2.アスペクト接辞の二つに分類することができる。

1. 動詞のアスペクト述語形式（複合形式）

   a. V-ж/ч бай- …進行アスペクト《(ある時点で)～している》
   - Бат, Дорж хоёр багшийнхаа яриаг тун анхааралтай сонсож байна.
     バトとドルジは先生の話をとても注意深く聞いています。
   - Би шалгалтаа өгч байгаа. Удахгүй дуусна.
     私は目下試験を受けています。もうじき終わります。

   b. V-аад⁴ л бай- …反復継続アスペクト《ずっと/何度も～している》
   - Би өчигдөр чамайг хүлээгээд л байсан шүү.
     私はきのう君をずっと待っていたんですよ。
   - Тэр кинон дээр нэг эмэгтэй жүжигчин яриад л байсан.
     あの映画では，ひとりの女優がしゃべりっぱなしでした。

   c. V-даг⁴ бай- …習慣アスペクト《常に/いつも～している》
   - Би Монголд байхдаа зав л гарвал цирк үздэг байлаа.
     私はモンゴルにいるとき,暇さえあればいつもサーカスを見ていました。
   - Аав чинь их сургуульд багшилдаг байсан уу？
     (あなたの)お父さんは大学で教鞭をとっていましたか。

d. V-сан⁴ бай- …完了アスペクト《もう〜してしまっている》
- Намайг очиход Дорж гэрээсээ гарсан байсан.
  私が行ったとき、ドルジはもう家から出てしまっていました。
- Ээж маань биднийг босоход өглөөнийхөө цайг бэлтгэсэн байдаг.
  (私の)母は私たちが起きると朝食をいつも準備してしまっています。

2. 動詞のアスペクト接辞

a. V-чих- (〜簡略形式 V-ч-) …完成アスペクト《〜してしまう》
- Даян одоо явчихсан бол уу?
  ダヤンはもう行ってしまったかな。
  —Арай үгүй байхаа.
  まだ行ってないでしょう。

b. V-аадах⁴- …即時アスペクト《今すぐに〜する》
- Дорж оо! Наран өрөөндөө байна уу?
  おい、ドルジ。ナランは部屋にいますか。
  —За, би үзээдэхье.
  はい、僕が今見てみます。

c. V-схий- …暫時アスペクト《少し/しばらく〜する》
- Та архи их уусан мөртлөө огт согтсон янзгүй, царай чинь улайсхийсэн төдийхөн л байх юмаа.(< улай-《赤くなる》)
  あなたは酒をたくさん飲んだのに、全く酔った様子もなく、顔が少し赤くなっただけですね。

その他、若干の語彙に見られるものに次のものがある。

d. V-ла⁴-/V-лза⁴- [-валза⁴-, -галза⁴-] …反復アスペクト《何度も〜する》
- гишгэлэ-《何度も踏む》(< гишгэ-《踏む》)
  цохило-《何度もたたく》(< цохи-《たたく》)

113

- ангалза- 《(口を)パクパクする》 (< ангай- 《(口を)開ける》)
  гялалза- 《キラキラ光る》 (< гялай- 《光る》)
- анивалза- 《(目を)パチパチする》 (< ани- 《(目を)閉じる》)
- санагалза- 《よくよく考える》 (< сана- 《考える》)

II. 主なオリンピック競技種目 (олимпийн гол төрлүүд) について

1. Зуны олимп (夏のオリンピック)

   a. марафон
      (マラソン)
   b. өндрийн харайлт
      (走り高跳び)
   c. уртын харайлт
      (走り幅跳び)
   d. бөөрөнцөг
      (砲丸投げ)
   e. зээрэнцэг
      (円盤投げ)
   f. гар бөмбөг
      (バレーボール)
   g. сагсан бөмбөг
      (バスケットボール)
   h. хөл бөмбөг
      (サッカー)
   i. гандбол
      (ハンドボール)
   j. бейсбол
      (野球)
   k. усанд сэлэлт
      (水泳)
   l. гимнастик
      (体操)
   m. хүндийн өргөлт
      (重量挙げ)
   n. чөлөөт бөх
      (レスリング)
   o. бокс
      (ボクシング)
   p. жүдо
      (柔道)
   q. туялзуур жад
      (フェンシング)
   r. буудлага
      (射撃)
   s. байт сур
      (アーチェリー)
   t. ширээний теннис
      (卓球)

2. Өвлийн олимп (冬のオリンピック)

   a. цана
      (スキー)
   b. тэшүүр
      (スケート)
   c. бобслей
      (ボブスレー)
   d. уран гулгалт
      (フィギュアスケート)
   e. биатлон
      (バイアスロン)
   f. хоккей
      (アイスホッケー)

練習 (дасгал)

Ⅰ. 次のかっこの中に最も適する動詞語尾を入れて, 動詞のアスペクト述語形式を完成させなさい。

1. Би багадаа орой бүр есөн цагт унт(　　　) байсан.
2. Намайг гэртээ ирэхэд хүүхдүүд маань унтчих-(　　　) байдаг.
3. Доржийг ирэхэд би унта(　　　) байсан.
4. Би түүнийг ирэн иртэл нь номоо унш(　　　) л байсан.

```
-ж , -аад , -даг , -сан
```

Ⅱ. 次のかっこの中に最も適する動詞のアスペクト接辞を入れて文を完成させなさい。

1. Та үүнийг орчуулж чадахгүй байна уу?
   Аль вэ, би орчуул(　　　)ъя.
   —За, тэг. Ямар сайн юм бэ.
2. [зурагчин:]
   Одоо та нар ойрто(　　　).
   За, авлаа шүү. … Боллоо.
3. Чи яагаад ойрдоо над руу утасдахаа бай(　　　)аа вэ?
   —Яагаа ч үгүй. Ойрдоо зав муутайхан байлаа.

```
-чих- , -аадах- , -схий-
```

あらゆる危害から守護し，
平安をもたらすことを表す。

ШҮХЭР（傘）

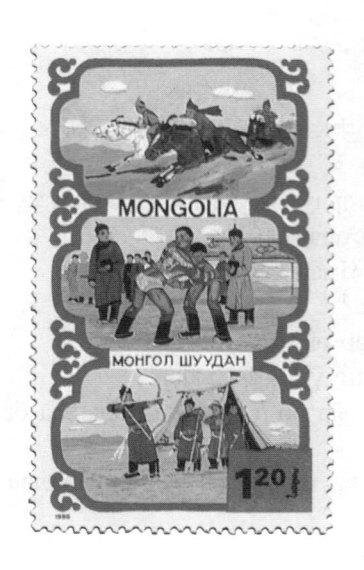

Цаг цагаараа байдаггүй
Цахилдаг хөхөөрөө байдаггүй

14. ДӨРВӨН УЛИРАЛ

Эрт дээр үеэс эхлэн монголын малчид нь

"Намрын цагт шилд гарч

Өвлийн цагт өтөгт бууж

Хаврын цагт хаалт барьж

Зуны цагт зүлгэнд буух"-ыг

ихэд урьдал болгодог юм.

Хаврын улиралд цас, гол мөрөн хайлж, мал төллөж, өвс ногоо соёолон ногоорч, нүүдлийн шувууд дулаан орноос ирдэг.

Зуны улиралд хүмүүс зусландаа гарч, айраг цагаа тун элбэг дэлбэг болж, өвс хадлангаа базааж бэлтгэдэг.

"Наадмын маргааш намар" гэдэг үг бий. Намрын улиралд мал сүрэг таргалж, жимс ногоо боловсрон гүйцэж, ургацаа хурааж авдаг.

Өвлийн улиралд цав цагаан цасаар хучигдаж, хүмүүс цана, тэшүүр, чаргаар гулгаж наадаг.

Монголд жилийн дөрвөн улирлын тухай нэгэн оньсого байдгийг дурдан хэлбэл:

"Гунхсан гурван хүүхэн

Гуньсан гурван хархүү

Хэцүү гурван чавганц

Хэдэр гурван өвгөн"

(зун, намар, өвөл, хавар)

トール川

> 時は時のままではない
> 菖蒲(しょうぶ)は青いままではない

訳（орчуулга）

14．四季

古来モンゴルの牧民たちは，

　"秋には丘陵の尾根に出て

　　冬には肥料のある野営地に宿営し

　　春には家畜の囲いを作り

　　夏には草地に宿営する"

ことを非常に重んじている。

　春の季節に雪や河川が溶け，家畜が子を産み，草が芽を出し緑色になり，渡り鳥が暖かい所からやって来る。

　夏の季節に人々は夏営地に移動し，馬乳酒・乳製品が非常に豊富になり，（冬にそなえて）干し草を準備する。

　"ナーダムの翌日は秋"という言葉がある。秋の季節に家畜は肥え，果物・野菜がすっかり実り，作物を収穫する。

　冬の季節は真っ白な雪でおおわれ，人々はスキー，スケート，そりで滑って遊ぶ。

　モンゴルに一年の四季に関する一つのなぞなぞがあることを述べると，

　　"器量の良い三人の娘

悲しげな三人の青年

気難しい三人の老婆

頑固な三人の老人"

　　→(夏, 秋, 冬, 春)

夏営地

語句 (үг хэллэг)

I. 名詞類

эрт дээр үе 昔，大昔
намар 秋
шил 丘陵の尾根
өтөг 家畜の糞，肥料(=өтөг бууц の意)～т буух [家畜の寝ぐら(хэвтэр)を暖めるため] 肥料のある冬営地に宿営する(= өтөг бууцтай өвөлжөөнд буух の意)
хавар 春
хаалт 家畜の囲い
(=хашаа саравч, хороо の意)
зүлэг 芝生，草地
цас 雪
гол мөрөн 河川
өвс ногоо 草
нүүдлийн шувуу 渡り鳥

цагаа 乳製品
(=цагаан идээ の意)
элбэг дэлбэг 豊富な，たくさんの
өвс хадлан 干し草
мал сүрэг 家畜の群れ
жимс 果物
ногоо 野菜
ургац 作物
цана スキー
тэшүүр スケート
чарга そり
хүүхэн 娘，女の子
хархүү 青年
чавганц 老婆
хэдэр 頑固な
өвгөн 老人

II. 動詞類

гар- 出る，のぼる
бари- 建てる
урьдал болго- (～を)第一となす，重んじる
(=эрхэмлэ- の意)
хайл- 溶ける
төллө- (家畜が)子を産む
соёоло- 芽を出す

ногооро- 緑色になる
базаа- 準備する
бэлтгэ- 準備する
таргала- 太る
боловсро- 実る
гүйцэ- (～し)終える，完全に～する
хураа- 集める，収穫する

хучигда- おおわれる	наад- 遊ぶ
（хучи-《おおう》の受身）	гунха- 器量が良い
гулга- 滑る	гуни- 悲しむ

Ⅲ．その他
　ихэд　非常に，大いに

馬乳酒の皮袋

説明（тайлбар）

Ⅰ．モンゴル語の連語（хоршоо үг）

モンゴル語の語形成の一つに，〈二つの語が複合して一つの概念を表す〉，すなわち〈二詞一意〉の方法があるが，このような語群のことを，モンゴル語では хоршоо үг《連語》と呼んでいる。

> хоршоо үг ： A ＋ B ＝《一つの概念》

モンゴル語の連語は，意味の点から大まかに次のように分類できる。

1．A，Bいずれにも意味の力点がある場合（→ A，Bいずれも自立語）

　a．A，Bが同意語ないしは意味的に並列の場合

　　e.g. <u>өвс</u>　<u>ногоо</u>　《草》，　<u>хээр</u>　<u>тал</u>　《草原》
　　　　（草）　（草；野菜）　　　　　（草原）（草原）

　　　　<u>ах</u>　<u>дүү</u>　《兄弟》，　<u>эх</u>　<u>орон</u>　《母国》
　　　　（兄）（弟）　　　　　　　（母）（国）

　b．A，Bが反意語の場合

　　e.g. <u>халуун</u>　<u>хүйтэн</u>　《温度》，　<u>хол</u>　<u>ойр</u>　《距離》
　　　　（暑い）　（寒い）　　　　　　（遠い）（近い）

2．Aに意味の力点がある場合（→ Aのみが自立語）

　　e.g. <u>дэвтэр</u>　мэвтэр　《ノートか何か（ノートなど）》
　　　　<u>морь</u>　зорь　《馬か何か（馬など）》

　注）この場合，Bにあたる мэвтэр, зорь の語形成は，おおむね次のような規則に従う。

```
  A           B
(c)V-  :  мV-  …… уул  муул  《山など》
 мV-   :  зV-  …… мал  зал  《家畜など》
```

なお，Bは単独で用いられることはなく，Aに後続し，Aの語の漠然とした複数性《〜か何か，〜など》を表示する。これは，一種の echo word《語呂合わせ》であり，特に話し言葉に多用される。

3. B に意味の力点がある場合(→ B のみが自立語)

　　e.g.　ув　　улаан　　《真っ赤(な)》
　　　　　цав　　цагаан　《真っ白(な)》

　注) この場合，A にあたる ув, цав の語形成は次のような規則に従う。

$$\underset{A}{\boxed{(c)V_B}} : \underset{B}{\boxed{(c)V\text{-}}} \ \cdots\cdots\ \text{чив}\quad\text{чимээгүй}\quad《全く静かな》$$
$$\hspace{9em}(音)(〜のない)$$

なお，A は単独で用いられることはなく，B に先行し，B の語(特に形容詞)の性質を強調する意を示す。

II. モンゴルの四季の歌 (《Дөрвөн улирлын өнгө》)

Үг Ж.Раднаадаргиа   Ая Г.Чойжилжав

ДӨРВӨН УЛИРЛЫН ӨНГӨ

Хайлан сэмжрэх цасаа дагаад
Хаврын өнгө нь цоохор билээ
Хашир малчдынхаа алдрыг өргөөд
Хангинах төл нь дуучин нь билээ

    Зуун түмэн цэцгээ дагаад
    Зуны өнгө нь ногоон билээ
    Хөвч тайгынхаа уянгыг өргөөд
    Хөхөө шувуу нь дуучин нь билээ

Налгар шар нараа дагаад
Намрын өнгө нь шаргал билээ
Хангай хөвчдөө уянга нэмээд
Халиун буга нь дуучин нь билээ

    Мөнгөрөн цавцайх цасаа дагаад
    Өвлийн өнгө нь цагаан билээ
    Мөрөн голдоо эгшиг нэмээд
    Харзны ус нь дуучин нь билээ

"四季の色"　　作詞 Ж. ラドナーダルギャー
　　　　　　　作曲 Г. チョイジルジャブ

解けて薄まる雪につれて
春の色はまだらだよ
老練な牧民らの名声を高め
響く家畜の子は歌い手だよ

　　無数の花につれて
　　夏の色は緑だよ
　　タイガの旋律を高め
　　かっこうは歌い手だよ

穏やかな黄金色の太陽につれて
秋の色は黄土色だよ
ハンガイに旋律を加え
灰黄色の鹿は歌い手だよ

　　銀白色に輝く雪につれて
　　冬の色は白だよ
　　河川に音色を加え
　　凍結せぬ流れは歌い手だよ

練習 (дасгал)

Ⅰ. 次にあげるものは，四季に関する問題です。かっこの中に適する季節名を入れなさい。

1. なぞなぞに関するもの

   Дун цагаан → (　　　　)
   Хар бараан → (　　　　)
   Хурц ногоон → (　　　　)
   Хонгор шар → (　　　　)

   > хавар , зун , намар , өвөл

2. 諺に関するもの

   a. (　　　　)ийн цэцэг
      Өдрийн од
   b. Хавар тарихгүй бол
      (　　　　) хураахгүй
   c. (　　　　)ын тэнгэр
      Хартай
   d. (　　　　)ы сар
      Зургаа биш

   > хавр (← хавар) , зун , намар , өвл (← өвөл)

Ⅱ. 次のかっこの中に適する語を入れて連語を完成させなさい。

1. санаа (　　　　)
2. (　　　　) шалтгаан
3. хувь (　　　　)
4. (　　　　) мод
5. ховдог (　　　　)
6. (　　　　) нямбай
7. урт (　　　　)
8. (　　　　) нам
9. мод (　　　　)
10. (　　　　) монь
11. тэв (　　　　)
12. (　　　　) адил

127

```
тэгшхэн , бодол , өндөр , учир ,
хонь , шунахай , ав , зод ,
нягт , богино , ой , заяа
```

この世に存在する苦難の大海
から救済されることを表す。

ЗАГАС（魚）

Зуу дахин сонссоноос
Нэг удаа үзсэн нь дээр

15. ҮЗВЭР

Оюун : Сайн байна уу ? Ханако.

Ханако : Сайн. Чи сайн биз дээ.

Оюун : Сайн. Чамаар сонин сайхан юутай байна даа хө.

Ханако : Онцын гойд сонин юмгүй шив дээ. Ойрдоо хичээл ихтэйвтэрдүү байна.

Оюун : Чи «Титаник» гэдэг америкийн уран сайхны кино үзсэн үү ?

Ханако : Үзэж амжаагүй л байна. Одоо аль кинотеатрт гарч байгаа юм бэ ?

Оюун : «Ард» кинотеатрт өнгөрсөн долоо хоногоос эхэлж гарч байгаа гэсэн.

Ханако : Өө тийм үү. Хэрвээ чамайг завтай бол ирэх хагас сайн өдөр энэ киног үзэх юмсан.

Оюун : Ашгүй дээ. Би бас үзье гэж бодож байсан юм.

Ханако : Өө юун сайн юм бэ. Тэгвэл хоёулаа хамтдаа үзье.

Оюун : Аа тийм, хэдэн цагийнхыг үзвэл зүгээр вэ ?

Ханако: Орой 6 (зургаан) цагийнх бол надад тун зүгээр байна. Чамд ямар вэ?

Оюун: Надад аль нь ч хамаагүй.

Ханако: Билетийг нь хаанаас авах вэ?

Оюун: 《Ард》 кинотеатрын тасалбар түгээврээс.

Ханако: Нэг том хүний билет ямар үнэтэй вэ?

Оюун: 900 (есөн зуун) төгрөг.

サーカスの曲芸

百回聞くよりも
一回見た方がよい

訳（орчуулга）

15．娯楽

オヨン：今日は，花子さん。

花子　：今日は，お元気ですか。

オヨン：はい，元気です。お変わりございませんか。

花子　：特に変わりはないですね。最近は授業がかなり多いんです。

オヨン：あなたは〈タイタニック〉というアメリカの映画を見ましたか。

花子　：まだ見ていません。今どの映画館でやっていますか。

オヨン：〈アルド〉映画館で先週からやっているそうです。

花子　：まあ，そうなの。もしあなたがお暇なら，来週の土曜日この映画を見たいんですが。

オヨン：ちょうどよかった。私も見ようと思っていたんです。

花子　：それはいいわ。それじゃ二人で一緒に見ましょう。

オヨン：ああ，そうだ。何時のを見たらいい？

花子　：夕方6時のなら私にはとてもいいんですが。あなたはどう？

オヨン：私はどっちでもかまわないわ。

花子　：チケットはどこで買うの？

オヨン：〈アルド〉映画館のチケット売り場で。

花子　：大人[7]，一枚いくらですか。

オヨン：900トグルグです。

注7）モンゴル国では，大人は16歳以上を指す。

語句 (үг хэллэг)

Ⅰ. 名詞類

үзвэр　娯楽
чамаар　君によって
　　　　(чи《君》の造格)
сонин сайхан　変わった，珍しい
юутай　何をもって
онцын　特別(の)
юмгүй　(〜の)ことはない
хичээл　授業
америк　アメリカ
кино　映画
　уран сайхны 〜　芸術映画：
　一般にドキュメンタリー映画
　(баримтат кино)などに対する
　劇映画を指す。
кинотеатр　映画館

өнгөрсөн　過ぎた，前の
завтай　暇な
ирэх　来たる，次の
хагас сайн өдөр　土曜日
юун　何と
хоёулаа　2人で(< хоёр
　《2》+-уулаа(集合数詞))
зүгээр　大丈夫な
хамаагүй　かまわない，関係ない
билет　切符，チケット
тасалбар түгээвэр　切符売り場
том хүн　大人

Ⅱ. 動詞類

бодо-　思う，考える
ав-　買う

Ⅲ. その他

гойд　非常に，極めて
шив дээ　〜のようだね，〜そうですね(聞き手におおざっぱに伝達する文末助詞)
ойрдоо　最近

бол　〜ならば(条件表示)
-х юмсан　(できれば)〜したいなあ(強い願望を示す)
ашгүй дээ　ちょうどよかった

説明 (тайлбар)

I. モンゴル語の主な文末助詞 (өгүүлбэр төгсгөх сул үг)

形式及び意味	話し手の心理
1. даа[4] 《〜ね》	聞き手に確認を求める気持ちがある場合《そうですよね》
2. шүү 《〜よ》 → шүү дээ 《〜よね》	聞き手に断定的に伝達する場合《そうなんですよ》
3. биз 《〜だろう？，〜でしょ？》 → биз дээ 《〜だろうね？，〜でしょうね？》	聞き手に同意を求める気持ちがある場合《そうじゃないの？》
4. байх(аа) 《〜だろう，〜でしょう》	聞き手に推量して伝達する場合《そうと思うよ》
5. шив дээ 《〜のようだね，〜そうですね》	聞き手におおざっぱに伝達する場合《だいたいそのようだ》
6. байлгүй (дээ) 《〜じゃないの，〜のはずだよ》	聞き手に確信を持って伝達する場合《きっとそのはずだよ》

その他，特に口語的な文末助詞に次のものがある。

7. байхгүй юү 《〜なんだよ，〜なんですよ》	事実を説明し，聞き手の注意を引く場合
8. (-я[3]) байз 《じゃ(〜しましょう)ね/よ》	自らの関与を軽く聞き手に伝達する場合
9. хө	口調をととのえる場合

〈例文〉

1. Тэр ёстой сайн хүн дээ.
   彼は本当に良い人ですね。

2. Энэ гуанзны хоол үнэхээр амттай шүү.
   この食堂の食事は本当においしいですよ。

3. Та маргааш өглөө явна биз дээ.
   あなたは明日の朝行くんでしょ？

4. Дорж аль түрүүн ирсэн байхаа.
   ドルジはもうとっくに来たでしょう。

5. Одоохондоо танаар хэлүүлэх юм алга шив дээ.
   今の所あなたに言ってもらうことはなさそうですね。

6. Даян удахгүй ирэх байлгүй дээ.
   ダヤンはまもなく来るはずだよ。

7. Содном гэдэг чинь ёстой номын хорхойтой хүн байхгүй юу.
   ソドノムというのは本当に本の虫なんですよ。

8. Би ч гэсэн нэг дуу дуулъя байз.
   じゃ，私も一曲歌を歌いましょうね。

9. За, чамаар сонин юу байна даа хө.
   さあ，何か変わったことはあるかい。

II. 所属名詞 -x, -хан⁴について

1. $\boxed{\text{N -ын}^2\text{+x} \Rightarrow \text{所属名詞表示《〜のもの，〜の》}}$
   (属格)

   a. 普通名詞の場合

аав	+ ын	+ x	→ аавынх
お父さん	の	もの	お父さんのもの
ээж	+ ийн	+ x	→ ээжийнх
お母さん	の	もの	お母さんのもの
Даян	+ ы	+ x	→ Даяных
ダヤン	の	もの	ダヤンのもの

135

Таroo	+ гийн	+ x	→ Тароогийнх
太郎	の	もの	太郎のもの

b．人称代名詞の場合（属格に接続）

би	→ миний	+ x	→ миний<u>х</u>
私(主格)	私の(属格)	もの	私のもの
та	→ таны	+ x	→ таны<u>х</u>
あなた(主格)	あなたの(属格)	もの	あなたのもの

注）特に人称代名詞の複数形に -x が接続する場合，《～のもの(所有物)，～のところ(場所)，～の人たち(家族)》など，コンテクストにより様々の意を示す。

манай	+ x	→ манай<u>х</u>
私たちの	もの	私たちのもの；私のところ/家族
танай	+ x	→ танай<u>х</u>
あなたたちの	もの	あなたのもの；あなたのところ/家族

c．代名詞の働き（名詞の省略の代償）として

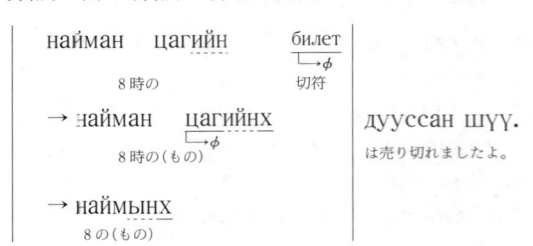

найман цагийн <u>билет</u> 　　　　　　　　　└→φ 8時の　　　切符 → найман <u>цагийнх</u> 　　　　　　└→φ 　8時の(もの) → наймынх 　8の(もの)	дууссан шүү. は売り切れましたよ。

2. $\boxed{\text{N -ын}^2 \text{(属格)} + \text{хан}^4 \Rightarrow \text{構成員表示《～の人たち》}}$

a．普通名詞の場合

их сургууль	+ ийн	+ хан	→ их сургуулийн<u>хан</u>
大学	の	人たち	大学関係者
хот	+ ын	+ хон	→ хотын<u>хон</u>
町	の	人たち	町の人たち
гэр бүл	+ ийн	+ хэн	→ гэр бүлийн<u>хэн</u>
家族	の	人たち	家族の人たち

b．人称代名詞の場合

бид	→	манай	+	хан	→	манайхан
私たち(主格)		私たちの(属格)		人たち		私の家族

та нар	→	танай	+	хан	→	танайхан
あなたたち(主格)		あなたたちの(属格)		人たち		あなたの家族

тэд	→	тэдний	+	хэн	→	тэднийхэн
彼ら(主格)		彼らの(属格)		人たち		彼の家族

Ⅲ．程度を弱める接尾辞 -втар^4，-дуу^{2}について

$$N \begin{vmatrix} \text{-втар}^4 \\ \text{-дуу}^2 \end{vmatrix} \Rightarrow \begin{cases} 1.\ 色彩語 \longrightarrow 《〜がかった，〜っぽい》 \\ 2.\ 人・物の外観，外形 \to 《やや〜，少し〜》 \end{cases}$$

〈例〉

1. улаавтар〜улаандуу《赤みがかった》
　　　　　　　(＜ улаан《赤い》)
　 хөхөвтөр〜хөхдүү《青みがかった》
　　　　　　　(＜ хөх《青い》)
2. нарийвтар〜нарийндуу《やや細い》
　　　　　　　(＜ нарийн《細い》)
　 хөгшивтөр〜хөгшиндүү《やや年取った》
　　　　　　　(＜ хөгшин《年取った》)

なお，両方の接尾辞を一緒にして用いると，さらに程度が弱いことを示す．

$$N\text{-втар}^4\text{-дуу}^2 \Rightarrow 《やや〜がかった，やや〜めの》$$

〈例〉

　улаавтардуу《やや赤みがかった》(＜ улаан《赤い》)
　ихэвтэрдүү《やや多めの》(＜ их《(量が)多い》)

練習 (дасгал)

Ⅰ. 次のかっこの中に最も適すると思われる文末助詞を入れて文を完成させなさい。ただし，答はあらかじめペアであげてあるので，その中から選びなさい。

1. Лувсандорж багш ирсэн (　　　　).
   Чи уулзана гэсэн (　　　　).
   —Тийм ээ.
2. Би аягүй их кинонд дуртай хүн (　　　　).
   —Өө, тийм үү? Тэгвэл дараа завтай үедээ хамт кино үзье (　　　　).
3. Балдан Энхтуяатай дахиад уулзсан юм уу (　　　　)?
   —Тэр хоёр лав уулзсан (　　　　).
4. Чиний эрээд байсан нөгөө ном чинь энэ биш (　　　　).
   —Аль вэ, үзье. ... Биш ээ.
   Гэхдээ тун их төсөөтэй байна (　　　　).
5. Тэр өвөө одоо бараг дал хүрч байгаа (　　　　).
   —Өө, тэгвэл ёстой ануухнаараа байх (　　　　).

> • (биз)—(шүү)　　• (байхаа)—(шив дээ)
> • (шүү)—(байхаа)　• (байхгүй юү)—(байз)
> • (даа)—(байлгүй дээ)

Ⅱ. 次のかっこの中に最も適する語を下の中から選んで入れ文を完成させなさい。

1. Энэ харандаа (　　　　) вэ?
   —Энэ (　　　　) биш, миний ахынх.
2. Танайхан ам бүл хэдүүлээ вэ?
   —(　　　　) тавуулаа.
3. (　　　　) хаана байдаг юм бэ?

—Манайх Осака хотод байдаг.
4. Доржийнх саяхан шинэ байранд оржээ.
 —Би (   ) маргааш очих санаатай.
5. Дараа завтай үедээ (   ) ирж байгаарай.
 —За, баярлалаа.
6. Би (   ) ч хэрэглээгүй, зөвхөн өөрийнхөө юмыг л хэрэглэж байгаа шүү.
7. (   ) бодвол өнөөдрийн кино надад ёстой сайхан байлаа.

```
минийх , танайх , тэднийд ,
манайхан , манайхаар , түрүүчийнхийг ,
хэнийх , хэнийхийг
```

不老不死の甘露で満ちた
水瓶は，祈願成就を表す。

БУМБА（水瓶）

Өргүй бол баян
Өвчингүй бол жаргал

16. ЦАГААН САР

Билгийн улирлын тооллоор хуучин, шинэ хоёр он солигдоход цагаан сарын шинийн нэгний баярыг тэмдэглэдэг. Энэхүү баярыг цагийн эхэн болсон хаврын улиралтай золгосны баяр гэж хэлэх нь бий.

«Цагаан сар» буюу «цагаалга» хэмээн нэрлэсний гол учир бол монголчууд нь эрт дээр үеэс цагаан өнгийг «эх өнгө» гэж эрхэмлэн хамгийн ариун нандин, элбэг баян аз жаргалын бэлгэдэл болгон ирсэнтэй холбоотой ажээ.

Цагаан сарын баярыг ёслол төгөлдөр тэмдэглэн өнгөрүүлэхийн бэлтгэл болгон юуны өмнө өр авлагаа барагдуулж, айл өрх бүр гэрийнхээ гаднах дотнох хог тоосоо арилган цэвэрлэж, авдар тавилгаа арчин өнгөлж, үзэмж төрх сайтай аяга сав, хувцас хунараа гарган хэрэглэдэг.

Цагаан сарын баяраар золгох үедээ

«Та амар сайн байна уу?»,

«Онд мэнд сайхан шинэлж байна уу?»,

《Даага далантай

Бяруу булчинтай

Төлөг сүүлтэй

Тором бөхтэй

Ишиг шилбэтэй

Өнөд тарган

Өөг цатгалан

Сайхан шинэлж байна уу?》

зэрэг үг хэллэгээр мэндчилдэг юм.

ガンダン寺の観音堂と白塔

借金なければ金持ち
病気なければ幸福

訳（орчуулга）

16．旧正月

　太陰暦で新旧の年が入れ変わるとき，正月の一日の祝日を祝います。この祝日を時節の始まりとなった春の季節と出会った祝日(なお，中国では「春節」)と言うことがあります。

　「ツァガーン・サル(旧正月)」あるいは「ツァガールガ(旧正月のお祝い)」と呼んだ主な理由は，モンゴル人は昔からツァガーン，すなわち白い色を《源となる色》と崇め，最も清く豊かな幸福の象徴となしてきたことと関係があります。

　旧正月の祝日を厳粛に祝って過ごす準備として，まず最初に(金品の)貸し借りを終わらせ，各家庭が家の内外のちり，ほこりを落としてきれいにし，家具類をふいて磨き，見ばえの良い食器類や衣類を出して使います。

　旧正月の祝日にあいさつをかわすときは，
「ごきげんいかがでしょうか」，「無事，冬を越し良い新年をお迎えでしょうか」，「子馬は肩に脂肪がつき，子牛は筋肉がつき，子羊はしっぽが太り，子ラクダはこぶが立ち，子山羊はすねがしっかりとし，常に肥え満腹で，良い新年を迎えていますか」などの語句によってあいさつします。

語句（үг хэллэг）

I．名詞類

цагаан сар　旧正月
билгийн улирал　太陰暦
тоолол　暦
хуучин　古い
шинэ　新しい
баяр　祝日
энэхүү　まさにこの
эх(эн)　始まり，源
цагийн эхэн болсон　時節の始まりとなった（＝цаг улирлын эхлэл болсон の意）
учир　理由
ариун нандин　清い，神聖な
элбэг баян　豊かな
аз жаргал　幸福
бэлгэдэл　象徴
холбоотой　関係ある
　共同格＋～　～と関係ある
ёслол төгөлдөр　儀式通りに，厳粛に
бэлтгэл　準備
өр авлага　（金品の）貸し借り
айл өрх　家庭

гаднах дотнох　内外の
хог　ごみ，ちり
тоос　ほこり
авдар тавилга　家具類
үзэмж төрх　外観，見ばえ
аяга сав　食器類
хувцас хунар　衣類
амар сайн, мэнд сайхан　元気な，平穏無事な
даага　（1歳から2歳の）子馬
далан　肩の脂肪
бяруу　（1歳から2歳の）子牛
булчин　筋肉
төлөг　（1歳から2歳の）子羊
сүүл　尾
тором　（1歳から2歳の）子ラクダ
бөх　こぶ
ишиг　（1歳までの）子山羊
шилбэ　すね
тарган　太った
өег цатгалан　満腹の

II．動詞類

солигдо-　変わる，交代される
　（соли-《変える，交代する》の受身）
тэмдэглэ-　祝う

золго- 出会う；新年のあいさつをかわす
эрхэмлэ- 尊ぶ，崇める
өнгөрүүл- 過ごす
　　　　（өнгөрө-《過ぎる》の使役）
барагдуул- 終わらす，なくならす（барагда-《終わる，なくなる》の使役）

арилга- 消す，落とす
цэвэрлэ- きれいにする
арчи- ふく
өнгөлө- 磨く
гарга- 出す
　　　（гар-《出る》の使役）
шинэлэ- 新年を迎える
мэндчилэ- あいさつする

Ⅲ．その他
　өнөд　永遠に，ずっと

旧正月のお祝いのごちそう

説明（тайлбар）

I．序数詞（дэс тоо），集合数詞（хам тоо），概数詞（тойм тоо）
 1．序数詞（дэс тоо）…以下の2つの方法がある

> a．-дугаар/-дүгээр
> b．-дахь/-дэх
> 　　《～番目の，第～の》

〈用法〉
 a．…主に，～月（сар），～階（давхар）などの順序に用いる。
 b．…主に，～曜日（гариг），～度目（удаа）などの順序に用いる。

〈例〉
 a．хэддүгээр сар？《何月》

нэгдүгээр сар	《1月》	долдугаар сар	《7月》
хоёрдугаар сар	《2月》	наймдугаар сар	《8月》
гуравдугаар сар	《3月》	есдүгээр сар	《9月》
дөрөвдүгээр сар	《4月》	аравдугаар сар	《10月》
тавдугаар сар	《5月》	арван нэгдүгээр сар	《11月》
зургадугаар сар	《6月》	арван хоёрдугаар сар	《12月》

注）• 特に話し言葉では，この限りではなく，単に基数詞を用いることが多い。(найман сар《8月；8ヶ月》, арван нэгэн сар《11月；11ヶ月》など)

 • 書き言葉では，通常，
 ① -дугаар^{2}を用いず，単にローマ数字だけを用いて書くか，
 （Ⅵ сар《6月》, Ⅸ сар《9月》など）
 あるいは，
 ② -дугаар^{2}を単に-рと省略して書くか，
 （2-р сар《2月》, 11-р сар《11月》など）
 のいずれかの方法を用いる。

b. хэддэх өдөр? 《何曜日》 Ямар гариг?

нэгдэх өдөр	《月曜日》	Даваа	Сумьяа
хоёрдахь өдөр	《火曜日》	Мягмар	Ангараг
гуравдахь өдөр	《水曜日》	Лхагва	Буд
дөрөвдэх өдөр	《木曜日》	Пүрэв	Бархасбадь
тавдахь өдөр	《金曜日》	Баасан	Сугар
хагас сайн өдөр	《土曜日》	Бямба	Санчир
бүтэн сайн өдөр	《日曜日》	Ням	Адьяа

	〈モンゴル起源〉	〈チベット起源〉	〈サンスクリット起源〉
用法	特にくだけた話し言葉で	公文書, カレンダー(太陽暦・西暦)などで	占星術, カレンダー(太陰暦・旧暦)などで
		改まった書き言葉で	

2. 集合数詞（хам тоо）

   -уул(аа)/-үүл(ээ)   《～人で, ～一緒に》

〈用法〉総人数, 合計数の表示に用いる。

〈例〉

- хэдүүл(ээ)?   《何人で, いくつ一緒に》

  | олуул(аа) | 《大人数で》（＜ олон 《多い》） |
  | цөөхүүл(ээ) | 《少人数で》（＜ цөөхөн 《少ない》） |

хоёул(аа)	《2人で, 2つ一緒に》（＜ хоёр《2》）
гурвуул(аа)	《3人で, 3つ一緒に》
дөрвүүл(ээ)	《4人で, 4つ一緒に》
тавуул(аа)	《5人で, 5つ一緒に》
зургуул(аа)	《6人で, 6つ一緒に》（＜ зургаа《6》）
долуул(аа)	《7人で, 7つ一緒に》（＜ долоо《7》）
наймуул(аа)	《8人で, 8つ一緒に》
есүүл(ээ)	《9人で, 9つ一緒に》

арвуул(аа)　　《10人で，10一緒に》

3. 概数詞（тойм тоо）

　　-аад/-ээд/-оод/-өөд　《およそ，約～；～ぐらい，ほど》

〈用法〉十単位ごとの数詞にのみ接続し，おおよその数を表示する。
〈例〉
- хэд орчим？　《どれくらい》

арваад　《およそ10，10ぐらい》
хориод　《およそ20，20ぐらい》
гучаад　《およそ30，30ぐらい》
дөчөөд　《およそ40，40ぐらい》
тавиад　《およそ50，50ぐらい》
жараад　《およそ60，60ぐらい》
далаад　《およそ70，70ぐらい》
наяад　《およそ80，80ぐらい》
ерээд　《およそ90，90ぐらい》
зуугаад　《およそ100，100ぐらい》
мянгаад　《およそ1000，1000ぐらい》

II. モンゴル語の色彩語彙（өнгө）について

　モンゴル語は，〈馬の毛色〉を表示する語が極めて発達しており，その数は，数百種類にも及ぶと言われる。しかも，厄介なことに同一語でありながら，〈馬の毛色〉と〈物の色〉では，全く異なる色を指示することも少なくない。例えば，бор は〈馬の毛色〉の場合は《灰色》だが，〈物の色〉としては《茶色》である。

　このように，モンゴル語の色彩語彙の実体はかなり複雑多岐にわたるため，ここでは単に〈物の色〉を表示する基本色を示すにとどめたい。

モンゴル語の基本五色	その他の色
1. цагаан 《白色》	6. саарал 《灰色》
2. хар 《黒色》	7. бор 《茶色》
3. улаан 《赤色》	8. ягаан 《桃色》
4. хөх 《青色》	9. цэнхэр 《水色》
5. шар 《黄色》	10. ногоон 《緑色》

また，モンゴル語の基本五色に象徴されるものと，そのイメージとの関係は，おおむね次のようである。

	象徴されるもの	イメージ
1. цагаан 《白色》	家畜の乳（сүү）	神聖，良いもの（善）
2. хар 《黒色》	暗やみ（харанхуй）	悪いもの（悪）
3. улаан 《赤色》	火（гал），血（цус）	力強さ，勢い→共産主義
4. хөх 《青色》	空（тэнгэр）	威厳，偉大
5. шар 《黄色》	金（алт），太陽（нар）	尊厳，畏敬→ラマ教

その他，モンゴルの有名な書物のタイトルに，

"*Цагаан түүх*" … フビライ・ハーン（1260-94）の頃に書かれた宗教・政治政策を説いた歴史書

"*Хар дэвтэр*" … 社会主義時代に発禁となっていた作品集（1991）

"*Улаан дэвтэр*" … 仏教の主な教えを述べた宗教史

"*Хөх судар*" … 大作家 W. インジャンナシ（1837-92）の書いた歴史小説

"*Шар тууж*' … 1650年代に書かれたモンゴルの歴史年代記

など色彩語彙を含むものもいくつかある。

練習 (дасгал)

Ⅰ. かっこの中の数詞を適する形にしなさい。
1. Мянга есөн зуун (гуч) онд Монголд латин үсэг хэрэглэж байжээ.
2. Таны төрсөн өдөр яг хэзээ юм бэ?
   — (Зургаа) сарын хорин дөрвөн.
3. Өнөөдөр хэддэх өдөр билээ?
   — (Дөрөв) өдөр.
4. Та ах дүү олуулаа юу?
   — Олуулаа. Бид (тав).
5. Энэ хэддүгээр хичээл бэ?
   — (Ес) хичээл.
6. Энэ хагас сайн өдөр (гурав) хамт кино үзье.
7. Би энд (хоёр) удаагаа ирж байна.
8. Энэ олон улсын хөнгөн атлетикийн тэмцээнд (арав) орноос тамирчид иржээ.
9. Доржийнх энэ байрны хэддүгээр давхарт байдаг вэ?
   — (Долоо)т.

Ⅱ. 次のかっこの中に適する色彩語彙を入れなさい。
1. a. (　　　) цай　　《紅茶》
   b. (　　　) айраг　《ビール》
   c. (　　　) будаа　《米》
   d. (　　　) нялх　《新生児》
   e. (　　　) тэнгэр　《青空》
   f. (　　　) толгой　《アルファベット》
   g. (　　　) салхи　《台風》
   h. (　　　) өвчин　《黄疸》
   i. (　　　) түрүү　《あぶ》

j. (　　　　　) загалмай 《赤十字》

> цагаан, хар, улаан, хөх, шар
> (いずれも2回ずつ使うこと)

2. a. (　　　　　) гэрэл 《青信号》
   b. хэт (　　　　　) туяа 《紫外線》
   c. (　　　　　) дэлгэц 《テレビ》
   d. хар (　　　　　) ажил 《単純労働》
   e. (　　　　　) морь 《灰色の馬》

> саарал, бор, ягаан, цэнхэр, ногоон

ЛЯНХУА (蓮華)

俗世を超越し，天界で花開く蓮は，無垢の慈悲を表す。

Дассан газрын
Даавуу зөөлөн

17. ОНГОЦНЫ БУУДАЛ

Тароо : Даян гуай, та сайн байна уу ?

Даян :   Сайн. Та сайн байна уу ? Ямар сонин хүн бэ, энэ чинь.

Тароо : Зуншлага сайхан уу ?

Даян :   Сайхаан. Тантай уулзалдалгүй нэлээд уджээ.

Тароо : Харин тиймээ. Бараг 2 (хоёр) жил болчихсон байна шүү.

Даян :   Та хаашаа явж байгаа юм бэ ?

Тароо : Би одоо ингэсгээд 9 (есөн) цагийн онгоцоор Осака руу нисэх гэж байна.

Даян :   Өө юун сайн юм бэ. Би ч бас тийшээ зүглэх санаатай.

Тароо : Тэгвэл та бид хоёрын зам нийлэх юм байна.

Даян :   Танаас нэг юм асууя. Гаалийн мэдүүлгээ хэзээ нь бичдэг билээ ?

Тароо : Гар тээшээ жигнүүлэхийн өмнө гаалийн мэдүүлгээ

бөглөж бичдэг байхаа.

Даян : Ойрдоо ийшээ тийшээ явалгүй суурин байсан учраас бүүр мартчихаж.

Тароо : Өө тийм үү. Ойлгож мэдэхгүй зүйл байвал надаас санаа зоволгүй сайн лавлаж асуугаарай.

Даян : Онгоцны буудлаар үйлчлүүлсний мөнгөө хаана тушаадаг юм бэ ?

Тароо : Онгоцны буудлын кассанд.

Даян : Танд их баярлалаа.

Тароо : Зүгээр зүгээр.

空港の標識

慣れた土地の
布はやわらかい

訳（орчуулга）

17．空港

太郎　：ダヤンさん，今日は。

ダヤン：今日は，お元気ですか。お久しぶりですね。

太郎　：夏はいかがですか。

ダヤン：はい，快適です。しばらくごぶさたしてました。

太郎　：ええ，そうですね。ほぼ2年ぶりですね。

ダヤン：どちらへ行かれますか。

太郎　：僕はもうそろそろ9時の飛行機で大阪へ行きます。

ダヤン：ああ，よかった。僕もそちらへ向かうことになっています。

太郎　：じゃ，僕たちは道中一緒ですね。

ダヤン：一つおたずねします。税関申告書はいつ書くのでしたっけ。

太郎　：手荷物を計量する前に税関申告書に記入すると思います。

ダヤン：最近はあちこちどこも出かけず，じっとしていたので，すっかり忘れてしまいました。

太郎　：ああ，そうですか。わからないことがあれば，僕に遠慮

なくおたずねください。

ダヤン：空港使用税はどこで支払うのですか。

太郎　：空港カウンターです。

ダヤン：どうもありがとう。

太郎　：どういたしまして。

ボヤント・オハー空港

語句 (үг хэллэг)

Ⅰ. 名詞類

онгоцны буудал 空港
гуай ～さん
зуншлага 夏の状態
хаашаа どちらへ
тийшээ そちらへ
гаалийн мэдүүлэг 税関申告書
гар тээш (中程度の)手荷物
〈参考〉
　ачаа (тээш) (大きな)荷物
　(гар) цүнх (小さな)手提げ,
かばん
ийшээ こちらへ
суурин 定住した；(転じて)ど
　こへも出かけず，ひと所に長く
　いる
онгоцны буудлаар
үйлчлүүлсний мөнгө
　空港使用税("空港でサービスし
　てもらったお金"が原義)

Ⅱ. 動詞類

уулзалда- 互いに会う
　(уулза-《会う》の相互)
уда- 時がたつ
нис- 飛ぶ
зүглэ- 向かう
нийлэ- 一致する
　зам ～ 道中一緒である
бичи- 書く

жигнүүл- 計量させる
　(жигнэ-《量る》の使役)
бөглө- 記入する
марта- 忘れる
зово- 心配する
　санаа ～ 心配する
лавла- 尋ねる，確かめる
тушаа- 支払う

Ⅲ. その他

нэлээд かなり
ингэсгээд もうそろそろ，もう
　じき，すぐに
　(＜ингэ-《こうする》)
руу (～ рүү) ～の方へ，～へ

-х гэж байна ～しようとして
　いる，～しようと思っている
-х санаатай ～するつもりであ
　る
бүүр 完全に，すっかり

155

説明 (тайлбар)

Ⅰ. 反問・自問の意を表示する疑問助詞 (асуух сул үг)

1. 反問の意を表示する疑問助詞《～だったっけ，～だったかな》

| билээ | …疑問詞のある文末で |
| билүү | …疑問詞のない文末で |

〈例文〉

- Өнөөдөр чинь хэдэн билээ?
  今日は何日だったっけ。
- Би үүнийг чамд хэлсэн билүү?
  私はこれをあなたに言ったっけ。

〈参照〉 平叙文に見える文末助詞 билээ [～лээ (特に話し言葉で)]
  …直接見聞したり経験して知っていること(既知の事柄)を強調的
  に述べる意を表示する。《～なんですよ，～したんですよ》
  ただし，必ず過去時制に対して用いられることに注意。

〈例文〉

- Бат өчигдөр хөл бөмбөгийн тэмцээнд оролцсон байна билээ.
  バトは昨日サッカーの試合に出たんですよ。
- Монголоос жүжигчин олон ирсэн байна лээ.
  モンゴルから俳優がたくさん来たんですよ。

2. 自問の意を表示する疑問助詞《～だろうか，～かな(～かしら)》

бол	…疑問詞のある文末で
болов уу	…疑問詞のない文末で
(～бол уу [特に話し言葉で])	

〈例文〉

- Сүрэн хэзээ ирэх бол?
  スレンはいつ来るかな。

- Даян удахгүй ирэх болов уу (～ бол уу)?
  ダヤンはもうじき来るかな。

II. 意味の強勢（утгын өргөлт）による長母音化
モンゴル語では，一般に強勢は，語彙的意味の区別に何ら関与しないが，特に話し言葉において，〈話し手の感情的ニュアンスを強調的に述べる〉働きをし，書き言葉では，これを長母音で表記することがある。

1. 〈副詞 бүр《全く，完全に》→ бүүр の場合〉
   Таны хэлснийг бүр мартчихсан байна.
   あなたの言ったことを完全に忘れていました。
   Таны хэлснийг бүүр мартчихсан байна.
   あなたの言ったことをすっかり忘れていました。
   (→ бүр мартсан "完全に忘れた" ことをさらに強調して述べる)
   cf. Би жил бүр Монгол руу явдаг. (私は毎年モンゴルへ行きます) の бүр は，《各，すべての》の意をもつ後置詞で，副詞 бүр《全く，完全に》とは全く別の語である。

2. 〈指示代名詞 тэр《その，あの》→ тээр の場合〉
   Тэр уулын оройг харж байна уу?
   あの山の頂上が見えますか。
   Тээр уулын оройг харж байна уу?
   ずっと向こうの山の頂上が見えますか。
   (→ тэр уул "あの山" より，もっと遠くにある山というニュアンスを示す)

3. 〈動詞の未来・終止語尾 -на^4《～する》→ -наа^4 の場合〉
   Та энэ зун Монгол руу явах уу?
   あなたはこの夏モンゴルへ行きますか。
   —Явна. 行きます。
   —Явнаа. もちろん行きますとも。(≒ Явалгүй яахав.)
   (→ явна "行く" 行為をもっと強調的に聞き手に伝達する)

練習 （дасгал）

I. かっこの中に適する文末助詞を入れなさい。
1. Та бид хоёр таван жилийн өмнөх хурал дээр уулзсан (　　　　)?
2. Сүрэн өчигдөр ирээгүй, яасан юм (　　　　　)?
3. Өнөөдөр танд захиа ирсэн байна (　　　　　).
4. Маргааш тэнгэр ямар байх (　　　　)?
5. Энэ чухам ямар хэлний үсэг юм бол доо?
   Хятад үсэг юм (　　　　), япон үсэг юм (　　　　)?
6. Явдаг юм (　　　　)? Яадаг юм (　　　　)?

> билээ , билүү , бол , болов уу
> （それぞれ２回ずつ使うこと）

II. 次のかっこの中に適する語を入れて文を完成させなさい。
1. (　　　　)(　　　　　) байшингийн дээвэр нь ногоон байна уу, аль эсвэл хөх байна уу?
   ずっと向こうの建物の屋根は緑ですか，それとも青ですか。
2. Сурагч (　　　　) гэрийн даалгавраа (　　　　) сайн хийсэн байна шүү.
   生徒はみんな宿題を大変うまくやりましたよ。
3. Би (　　　　) жилийн (　　　　) намар бага сургуульд орсон.
   私はずっと前のその年の秋，小学校に入学しました。

> бүр , бүүр （それぞれ１回ずつ使うこと）
> тэр , тээр （それぞれ２回ずつ使うこと）

衆生を深い眠りから呼び起こし，
真理へと導く法音を表す。

ЛАВАЙ（法螺貝）

機上より見えるオラーンバータル

Хүний эрээн дотроо
Могойн эрээн гаднаа

18. ХӨХӨӨ НАМЖИЛЫН ДОМОГ

Эрт урьд цагт Монголын зүүн хязгаарт Хөхөө Намжил гэж нэгэн сайн эр байжээ. Тэр үнэхээр хосгүй сайхан дуулдаг тул хошуу нутагтаа ихэд алдаршсан байв. Гэтэл Хөхөө Намжил цэргийн албанд татагдан Монголын баруун хязгаарт очжээ. Түүний сайхан дуулдгийг дарга нь даруй мэдээд, Хөхөө Намжилаар ажил сургууль хийлгэхийн оронд гурван жил шахам зөвхөн дуу дуулуулсаар байжээ.

Цэргийн алба хааж байхдаа нэгэн сайхан гүнжтэй танилцаж гэнэ. Хөхөө Намжил цэргээс халагдаж орон нутагтаа буцах болсонд амраг хайртай гүнж нь «Жонон хар» гэдэг морио дурсгал болгон өгсөн юмсанжээ. Тэр «Жонон хар» морь бол :

Бутны үндэс булгартал

Бул чулууг бутартал

Дэлийн чулууг дэлбэртэл

Дээлийн хаваасыг ханзартал

Хадан цохиод халтирдаггүй

Бутанд бүдэрдэггүй хатирдаг

Жигүүртэн шувуунаас дутуугүй

Жирийн морьтой зүйрлэшгүй

Адууны дотор ганцаараа содон

Аргамгийн шинж төгс бүрдсэн

Аюултай цагт нисэн дүүлж

Амгалан цагт алхаа гишгээгээр явдаг

Ивээлт эзэн нь унахад

Эзнийхээ төлөө зүтгэдэг

Эр хүний хань болсон

Ийм сайхан морь юмсанж.

Хөхөө Намжил тэр мориороо явж нутагтаа ирэхэд нь хүмүүс ихэд сонирхон, түүнээс өөр морь унахгүйд нь бас гайхдаг байжээ.

Гэтэл Хөхөө Намжил «Жонон хар» мориороо Монголын баруун хязгаарт нисэн очиж, нөгөө гүнжтэйгээ уулзаад, өглөө болоход зүүн хязгаарт ирж, адуугаа туусаар харьдаг байж гэнэ.

Ингэсээр гурван жил болсон боловч түүний учрыг хүмүүс

ер мэддэггүй байжээ. Хөхөө Намжилынхтай ойролцоо нэгэн баян айл байв. Тэр баяныд эгэл олныг үймүүлдэг, эвтэн хоёрыг бусниулдаг тийм сүрхий ховч хүүхэн байжээ.

Энэ ховч хүүхэн «Жонон хар» морины эгэл бишийг эртнээс мэдэх болсон учир Хөхөө Намжилд хор хөнөөл хүргэх гэж санаархдаг болов.

Хөхөө Намжил үдэш явж, амраг хайрт гүнжтэйгээ уулзаад, тэр шөнөө буцах замдаа адуугаа туусаар ирж, мориныхоо хөлсийг намдаагаад, үүр цайхад морио тавья хэмээн гэртээ орж амран сууж гэнэ.

Гэтэл нөгөө баяны хүүхэн морины төвөргөөн сонсож, Хөхөө Намжилын ирэхийг мэдээд уяан дээр нь сэм очвол сайхан жонон хар морь санаа муутан ирснийг мэдсэнгүй, сайн эзнээ хэмээн баясаад хэнхдэг цээжээ хөндөлсүүлээд, хөлстэй биеэ шилгээн газар цавчлан байж, хоёр суганаасаа ид шидийн хүчтэй жигүүрээ дэрвэлзүүлж байхы нь үзээд нөгөө ховч хүүхэн гүйн харьж, үйлийнхээ хайчийг ханцуйлж ирээд жонон хар морины жигүүрийг тас хайчлаад хаяжээ. Сайхан жонон хар морь нь шидэт жигүүрээ хайчлуулснаас болж удалгүй үхэж гэнэ.

Үүр цайхаар морио тавих гэж очсон чинь үнэнч нөхөр нь болсон сайн морь нь уяан дээрээ үхсэнийг хараад Хөхөө Намжилын дотор нь балартаж, гашуудал харамслын гүнд оржээ.

Хөхөө Намжил нэгэн өдөр сайхан жонон хар мориныхоо толгойг дууриалган модоор сийлж, урлаж бүтээсэн толгойдоо урт иш бөхлөн, үзүүр талд нь цар хийж, хүлэг сайн мориныхоо ширнээс хөндий цараа ширлэж, мяндсан сайхан сүүлнээс нь авч хөвүүлж урташ нь татаж, модны давирхай түрхэж дуугаргаад, жонон хар мориныхоо янцгаах дуу, алхаа гишгээ, арилжаа хатирааг тэр хөгжимдөө оруулдаг болж гэнэ.

Түүнээс эхлэн морин толгой бүхий морин хуур хөгжим Монголд анх үүсч гарсан домогтой ажээ.

[Д.Цэрэнсодном. "Монгол ардын домог үлгэр" (-Улаанбаатар., 1989) номын 167-169 дүгээр талаас авав]

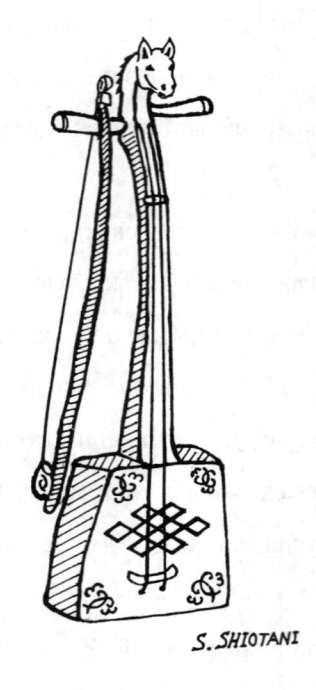

МОРИН ХУУР (馬頭琴)

　　　　　　　　　　　　人のまだらは内に
　　　　　　　　　　　　蛇のまだらは外に

訳（орчуулга）

18. フフー・ナムジルの伝説

　昔々，モンゴルの東の端にフフー・ナムジルという一人の立派な男がいた。彼は本当にずばぬけて上手に歌うので，故郷では非常に有名になっていた。ところが，フフー・ナムジルは兵役に取られ，モンゴルの西の端に行ってしまった。彼が上手に歌うのを隊長がすぐに知り，フフー・ナムジルに訓練をさせる代わりに，三年近くもただ歌だけを歌わせていたのだった。

　兵役についているとき，一人の美しい諸侯の娘と知り合ったそうだ。フフー・ナムジルが兵役を解かれ，故郷に戻ることになったとき，愛する諸侯の娘が《ジョノン・ハル》という自分の馬を記念にあげたのだった。その《ジョノン・ハル》の馬は，

　　低木の根っこが抜けるほど
　　丸石が粉々になるほど
　　峰の石が爆発するほど
　　服の縫い目が裂けるほど
　　切り立った岩に滑らないで
　　低木につまずかないで駆ける
　　鳥に劣らない

普通の馬と比べようのない

　　馬の中で唯一とび抜けた

　　良馬の特徴が完全に備わった

　　危険なときに飛び越え

　　平穏なときに普通の歩き方で進む

　　保護する主人が乗ると

　　その主人のために懸命になる

　　男の仲間となった，

そんなすばらしい馬であった。

　フフー・ナムジルがその馬で出かけ故郷に戻ってくることに人々はひどく関心を示し，それ以外の馬に乗らないことにもまた不思議に思うのであった。

　ところが，フフー・ナムジルは，《ジョノン・ハル》の馬でモンゴルの西の端に飛んで行き，例の諸侯の娘と会って，朝になると東の端にもどって来て，馬を追いかけながら帰ってくるのだったそうだ。

　こうして，三年たったが，そのわけを人々は全く知らなかった。フフー・ナムジルの家の近所に，ある金持ちの家があった。その金持ちの家には，大衆を大騒ぎさせる，仲良しの二人を引き離す，そういうひどい告げ口をする女がいた。

この告げ口する女は,《ジョノン・ハル》の馬が尋常でないことをずっと前から知っていたので, フフー・ナムジルに害をもたらそうとたくらむようになった。

　フフー・ナムジルは, 夕方出かけ, 愛する諸侯の娘と会って, その夜戻る途中, 馬を追いながら帰って来て, 自分の乗った馬の汗を静めてから, 夜明けに馬を放とうと思って家に入りひと休みしたそうだ。

　ところが, 例の金持ちの女が馬のひづめの音を聞き, フフー・ナムジルの帰って来るのを知り, 馬のつなぎひもの所にこっそり行ったところ, 美しいジョノン・ハルの馬は悪意をいだく者がやって来たのに気づかず,（自分の良き御主人様だ）と喜んで胸部を横に振り, 汗をかいた体を震わせ, 地面を前足で何度もけりながら, 両脇の下から魔法の力をもった翼をバタバタはためかせているのを見て, 例の告げ口する女は, 走って家に帰り, 裁縫ばさみを袖の中に入れてやって来て, ジョノン・ハルの馬の翼をパチンとはさみで切ってしまった。美しいジョノン・ハルの馬は, 魔法の翼をはさみで切られたために間もなく死んでしまったそうだ。

　夜が明けるや, 馬を放とうと思って行ったところ, 親友となった良馬が馬のつなぎひもの所で死んでいるのを見て, フフー・ナムジルの意識はもうろうとなり, 深い悲しみに陥った。

フフー・ナムジルは，ある日美しいジョノン・ハルの馬の頭をまねて木で彫り，見事に創作した頭に長い柄を固定し，その先の方に胴体をつけ，その駿馬の皮で空の胴体をおおい，絹糸のような美しいしっぽを引き伸ばして縦に張り，樹脂を塗って音をかなで，ジョノン・ハルの馬のいななく声や歩き方，走り方をその楽器に取り入れるようになったそうだ。

　それ以来，馬の頭を持つ楽器，「馬頭琴」がモンゴルで最初に起こった伝説が生まれたのである。

　（D. ツェレンソドノム，『モンゴル民間説話』

　（オラーンバータル，1989），pp.167—169より引用）

語句 (үг хэллэг)

Ⅰ. 名詞類

Хөхөө Намжил フフー・ナムジル
 хөхөө は《かっこう(鳥)》の意で, Намжил《ナムジル(人名)》に対する一種のあだ名。つまり, かっこうの鳥のように美しい声で歌を歌うの意より, このように名づけられた。

домог 伝説 ～ үлгэр 伝説, 説話
хязгаар 端, 境界
хосгүй 比類ない, ずばぬけた
хошуу 旗(かつての行政単位)
нутаг 故郷
цэргийн алба 兵役 ～нд татагда- 兵役に取られる ～ хаа- 兵役につく
дарга 長
сургууль 訓練
оронд 属格＋～ ～の代わりに
дуу 歌
гүнж 諸侯の娘
цэрэг 軍隊, 兵隊 ～ээс халагда- 兵役を解かれる
амраг хайртай 愛する
дурсгал 記念
бут 低木

үндэс 根
чулуу 石 бул ～ (地表にむき出した)丸石
дэл 峰
хаваас 縫い目
хадан цохио 切り立った岩
жигүүртэн 鳥類
дутуугүй (～に)劣らない
жирийн 普通の
дотор (～の)中で
ганцаараа 唯一
содон 目立った, 際立った
аргамаг 良馬, サラブレッド
шинж 特徴
аюултай 危険な
амгалан 平和な, 平穏な
алхаа гишгээ 普通の歩き方
ивээлт 保護する, 守ってくれる
төлөө 属格＋～ ～のために
хань 友, 仲間
өөр 奪格＋～ ～以外の
ойролцоо 近所の(に)
баян 金持ちの
эгэл 一般の, 普通の
эвтэн 仲良しの, 親しい
 (＝ эвтэй の意)
сүрхий すごい, ひどい

ховч 中傷する，告げ口する
хор хөнөөл 危害
　～ хүргэ- ～をもたらす
үдэш 夕方
шөнө 夜
замдаа 途中
　-х ～ ～する途中
хөлс 汗
үүр 夜明け，あけぼの
　～ цай- 夜が明ける
нөгөө 例の，あの
төвөргөөн （馬の）ひづめの音
уяа 馬をつなぐひも
сэм 静かに，こっそりと
санаа муутан 悪意をいだく者
　（= санаа муутай хүн の意）
хэнхдэг цээж 胸部
газар 地面
суга 脇
ид шид 魔法
хүч 力
жигүүр 翼
үйл 裁縫

хайч はさみ
шидэт 魔法の
үнэнч 正直な，誠実な
нөхөр 友
гашуудал харамсал 悲しみ，
　悲嘆
гүн 深み，深さ
мод 木
урт 長い
иш 柄
үзүүр 先端，先
цар 胴体
хүлэг 駿馬
хөндий 空の
мяндас 絹糸
уртааш 縦に
давирхай 樹脂
арилжаа хатираа
　（馬の）走り方
хөгжим 楽器
морин хуур 馬頭琴
анх 最初に
тал ページ

II．動詞類

дуула- 歌う
алдарши- 有名になる
хийлгэ- させる
　（хий-《する》の使役）
дуулуул- 歌わせる

　（дуула-《歌う》の使役）
буца- 戻る
булгара- 抜ける，はずれる
бутра- 粉々になる
дэлбэрэ- 爆発する

ханзра- 裂ける
халтира- 滑る
бүдрэ- つまずく
хатира- 駆ける
зүйрлэ- 比べる
бүрд- 備わる
дүүлэ- 飛び越える
зүтгэ- 努力する，懸命になる
гайха- 不思議に思う，怪しむ
туу- （家畜を）追う
хари- 帰る
үймүүл- 大騒ぎさせる
　（үймэ-《大騒ぎする》の使役）
бусниул- 引き離す，分かつ
санаарха- たくらむ，企てる
намдаа- 静める
　（намда-《静まる》の使役）
тави- 放つ
амра- 休む
сонс- 聞く
хөндөлсүүл- 横に振る
шилгээ- （馬などが）体を震わせる
цавчла- （馬などが地面を）前足で何度もける
дэрвэлзүүл- はためかせる
　（дэрвэлзэ-《はためく》の使役）
гүй- 走る

ханцуйла- 袖の中に入れる
хайчла- はさみで切る
хая- 〜してしまう（動作の完成を示す）
хайчлуул- はさみで切られる
　（хайчла-《はさみで切る》の迷惑・被害）
бол- 奪格+〜 〜のためである，〜のせいである
үхэ- 死ぬ
баларта- もうろうとなる
　дотор 〜 意識がもうろうとなる
дууриалга- まねさせる
　（дууриа-《まねる》の使役）
сийл- 彫る
урла- 見事にする，芸術的にする
бүтээ- 創作する
бөхлө- しっかり固定する
ширлэ- 皮でおおう
хөвүүл- （糸などを）引き伸ばす
тата- 引く，張る
түрхэ- 塗る
дуугарга- 音を出す
янцгаа- いななく
үүс- 起こる，生じる

Ⅲ．その他
 тул ～なので
 гэтэл ところが，しかし
  (< гэ-《言う》)
 даруй すぐに
 зөвхөн 単に，ただ～だけ

 юмсанжээ ～であった
 төгс 完全に
 тас パチンと(切断を表す)
 удалгүй 間もなく

説明（тайлбар）

Ⅰ. 名詞類（名詞・形容詞）から名詞類を派生する接尾辞
（нэрээс нэр үг бүтээх дагавар）

1. 《～にたずさわる人（行為者）》… -ч / -чин
   эм<u>ч</u>《医者》（＜ эм《薬》）
   жолоо<u>ч</u>《運転手》（＜ жолоо《手綱、ハンドル》）
   / ажил<u>чин</u>《労働者》（＜ ажил《仕事》）
   мал<u>чин</u>《牧民》（＜ мал《家畜》）

2. 《～を有するもの（集合名詞）》… -тан⁴
   амь<u>тан</u>《動物》（＜ амь《生命》）
   жигүүр<u>тэн</u>《鳥類》（＜ жигүүр《翼》）

3. 《関連した意》… -га⁴ / -гай³ / -маг⁴ / -р /
   　　　　　　　　-с / -сар⁴ / -цаг⁴（-нцаг⁴）
   давхар<u>га</u>《層》（＜ давхар《二重の》）
   тоос<u>го</u>《レンガ》（＜ тоос《ほこり》）
   / анд<u>гай</u>《誓い》（＜ анд《義兄弟》）
   ам<u>гай</u>《くつわ、はみ》（＜ ам《口》）
   / ай<u>маг</u>《アイマグ（モンゴル行政単位）》（＜ ай《範疇》）
   ир<u>мэг</u>《隅、角》（＜ ир《刃》）
   / идэ<u>р</u>《若い》（＜ ид《力、エネルギー》）
   мөчи<u>р</u>《枝》（＜ мөч《四肢》）
   / гөрөө<u>с</u>《かもしか》（＜ гөрөө《狩り》）
   гэрээ<u>с</u>《遺言、遺書》（＜ гэрээ《条約、契約》）
   / ам<u>сар</u>《器の口》（＜ ам《口》）
   зав<u>сар</u>《すき間、間》（＜ зав《暇》）
   / эрэг<u>цэг</u>《絶壁》（＜ эрэг《岸》）
   бөөрө<u>нцөг</u>《砲丸》（＜ бөөр《腎臓》）

4. 《物のおおい》… -вч
 чихэвч《耳当て》(< чих《耳》)
 хуруувч《指貫き》(< хуруу《指》)

5. 《丁寧》… -гтай³
 эрэгтэй《男性》(< эр《男，雄》)
 эмэгтэй《女性》(< эм《女，雌》)

6. 《動植物名》… -лж / -лзгана⁴
 шарилж《やまよもぎ》(< шар《黄色の》)
 наймалж《かに》(< найм《八》)
 / тэмээлзгэнэ《トンボ》(< тэмээ《ラクダ》)
 гүзээлзгэнэ《いちご》(< гүзээ《反芻動物の第一の胃》)

7. 《親愛の意》… -лдай³
 гургалдай《ナイチンゲール》(< гургуул《きじ》)
 хүүхэлдэй《人形》(< хүүхэн《女性，娘》)

8. 《〜のある(所属，所有)》… -т / -тай³
 хайрт《愛する》(< хайр《愛》)
 нэрт《有名な》(< нэр《名前》)
 / амттай《おいしい》(< амт《味》)
 зоригтой《勇敢な》(< зориг《勇気》)

9. 《〜のない(欠如)》… -гүй
 хэрэггүй《不必要な》(< хэрэг《必要》)
 чадалгүй《無力な》(< чадал《力》)

10. 《〜を欲した，好んだ》… -саг⁴ / -мсаг⁴
 цайсаг《お茶好きな》(< цай《茶》)
 нөхөрсөг《友好的な，親しい》(< нөхөр《親友，同志》)
 / гоёмсог《着飾った，おしゃれな》(< гоё《美しい》)
 ихэмсэг《尊大な》(< их《大きい》)

11. 《～と同類のもの；～を好んだ》… -нцар[4]
    хуванцар《プラスチック》(< хув《こはく》)
    тэргэнцэр《車いす》(< тэрэг《車》)
  / аманцар《おしゃべり好きの》(< ам《口》)
    үгэнцэр《口の達者な》(< үг《言葉》)

12. 《～の状態の》… -хай[3] / -гай[3]
    муухай《きたない》(< муу《悪い》)
    зальхай《ずるい》(< заль《狡猾》)
  / тусгай《特別な》(< тус《それぞれ》)
    нусгай《鼻をたらした》(< нус《鼻汁》)

13. 《指小辞》… -хан[4]
    нарийхан《かなり細い》(< нарийн《細い》)
    хоёрхон《たった二つの》(< хоёр《二》)

14. 《ある性質を持った》… -н
    хурдан《速い》(< хурд《スピード》)
    ногоон《緑色の》(< ногоо《野菜》)

15. 《～にたけた，熟達した》… -ч
    ажилч《仕事好きな，仕事熱心な》(< ажил《仕事》)
    дууч《歌の好きな，歌のうまい》(< дуу《歌》)

16. 《～が豊富な》… -рхаг[4]～ -рхуу[2]
    уулархаг～ уулархуу《山の多い》(< уул《山》)
    элсэрхэг～ элсэрхүү《砂だらけの》(< элс《砂》)

17. 《～の性質を帯びた(もの)》… -лаг[4]
    махлаг《肉づきのよい》(< мах《肉》)
    тослог《油っこい》(< тос《油》)
  / нийгэмлэг《会，協会》(< нийгэм《社会》)
    төмөрлөг《金属》(< төмөр《鉄》)

Ⅱ．動詞類から名詞類(名詞・形容詞)を派生する接尾辞
　(үйлээс нэр үг бүтээх дагавар)

1．《抽象名詞》… -аа⁴ / -аан⁴ / -вар⁴(-бар⁴), -мар⁴ / -галан⁴ /
　　　　　　　　-дал⁴ / -мж / -мт / -хуй² / -хуун²
　　алд<u>аа</u>《失敗》(＜ алда-《失う》)
　　мэд<u>ээ</u>《ニュース》(＜ мэдэ-《知る》)
　/ байлд<u>аан</u>《戦争》(＜ байлда-《戦う》)
　　тэмц<u>ээн</u>《試合》(＜ тэмцэ-《闘う》)
　/ чад<u>вар</u>《能力，才能》(＜ чада-《できる》)
　　тайл<u>бар</u>《説明》(＜ тайл-《解く》)
　　үз<u>мэр</u>《展示品》(＜ үзэ-《見る》)
　　хөдөл<u>мөр</u>《労働》(＜ хөдөл-《動く》)
　/ баясг<u>алан</u>《喜び，楽しみ》(＜ баяс-《喜ぶ》)
　　өлсг<u>өлөн</u>《空腹》(＜ өлс-《飢える》)
　/ бай<u>дал</u>《状態》(＜ бай-《ある》)
　　зар<u>дал</u>《費用》(＜ зара-《使う》)
　/ сурга<u>мж</u>《教訓》(＜ сурга-《教える》)
　　сэрэ<u>мж</u>《用心，警戒》(＜ сэрэ-《目覚める》)
　/ бари<u>мт</u>《証拠，根拠》(＜ бари-《握る》)
　　боо<u>мт</u>《関門，港》(＜ боо-《遮る》)
　/ а<u>хуй</u>《存在，生活》(＜ а-《存在する》)
　　сэтгэ<u>хүй</u>《思考》(＜ сэтгэ-《考える》)
　/ ухагда<u>хуун</u>《概念》(＜ ухагда-《理解される》)
　　бүрэлдэ<u>хүүн</u>《構成》(＜ бүрэлдэ-《構成される》)

2．《～するもの(行為者)》… -аач⁴ / -гч / -гсад⁴(複数) / -уул²
　　зура<u>ач</u>《画家》(＜ зура-《描く》)
　　бичэ<u>эч</u>《書記》(＜ бичи-《書く》)
　/ унши<u>гч</u>《読者》(＜ унши-《読む》)
　　хөргө<u>гч</u>《冷蔵庫》(＜ хөргө-《冷やす》)

176

/ суралцагсад《就学者たち》（< суралца-《勉強する》）
хэлмэгдэгсэд《犠牲者たち》（< хэлмэгдэ-《損害を受ける》）
/ тагнуул《スパイ》（< тагна-《探る》）
эргүүл《パトロール，見回り》（< эргэ-《回る》）

3. 《行為の結果》… -аас⁴ / -г / -га⁴（特に語幹末が л, p のとき）/
　　　　　　　　-дас⁴ / -з / -л / -м / -н(г) / -с

　зураас《線》（< зура-《描く》）
　нөхөөс《つぎ》（< нөхө-《補う》）
/ зураг《絵》（< зура-《描く》）
　бичиг《文字》（< бичи-《書く》）
/ тулга《五徳》（< тул-《支える》）
　үүрэг《義務》（< үүр-《背負う》）
/ угаадас《(洗った後の)汚水》（< угаа-《洗う》）
　айдас《恐怖》（< ай-《恐れる》）
/ олз《獲物》（< ол-《得る》）
　гарз《損失》（< гар-《出る》）
/ үзэл《見解》（< үзэ-《見る》）
　зохиол《作品》（< зохио-《創作する》）
/ алхам《一歩》（< алха-《歩く》）
　хөгжим《音楽, 楽器》（< хөгжи-《楽しむ》）
/ дугуйлан《サークル，グループ》（< дугуйла-《円をつくる》）
　хүрээлэн《研究所》（< хүрээлэ-《取り囲む》）
/ нулимс《涙》（< нулима-《つばを吐く》）
　хөөс《泡》（< хөө-《ふくらむ》）

4. 《道具名称》… -уур² / -уурга²
　хадуур《鎌》（< хада-《(草を)刈る》）
　өлгүүр《洋服かけ》（< өлгө-《掛ける》）
/ шахуурга《ポンプ》（< шаха-《圧搾する》）
　хөшүүрэг《てこ》（< хөши-《てこで上げる》）

5.《行為の過程，結果，場所など》… -лга⁴ / -лт / -н / -р / -рь / -ц / -ш

хаалга《扉，ドア》(< хаа-《閉める》)
эмнэлэг《病院》(< эмнэ-《治療する》)
/ асуулт《質問》(< асуу-《尋ねる》)
хөгжилт《発展》(< хөгжи-《発展する》)
/ орчин《周囲，回り》(< орчи-《回転する》)
шингэн《液体の，薄い》(< шингэ-《しみ込む》)
/ хавдар《腫れ物》(< хавд-《腫れる》)
бэлчээр《牧草地》(< бэлчээ-《草を食ませる》)
/ хуваарь《分配，区分》(< хуваа-《分ける》)
суурь《基礎，土台》(< суу-《座る》)
/ нууц《秘密》(< нуу-《隠す》)
сууц《住居》(< суу-《住む》)
/ түлш《燃料》(< түлэ-《燃やす》)
булш《墓》(< була-《埋める》)

6.《行為の感情，場所》… -лан⁴ / -мшиг

зуслан《夏の保養地》(< зуса-《夏を過ごす》)
хүслэн《希望》(< хүсэ-《望む》)
/ гайхамшиг《驚くべきこと》(< гайха-《驚く》)
гутамшиг《恥辱，不名誉》(< гута-《がっかりする》)

7.《行為の結果生じた状態》… -маг⁴ / -мал⁴ / -нгуй² / -нхай³, -нги³ / -уу² / -уун² / -хай³ (特に語幹末が р のとき)

хуурмаг《偽りの，にせの》(< хуур-《だます》)
холимог《混ざった，混合物》(< холи-《混ぜる》)
/ сонгомол《選ばれた》(< сонго-《選ぶ》)
хиймэл《人工の》(< хий-《作る》)
/ хураангуй《要約した，簡潔な》(< хураа-《集める》)

хичээнгүй《勤勉な，熱心な》（< хичээ-《努力する》）
/ туранхай《やせた》（< тура-《やせる》）
түлэнхий《焼けた》（< түлэ-《燃やす》）
саланги《分かれた，別々の》（< сал-《別れる》）
сөөнгө《声のかすれた》（< сөө-《声がかすれる》）
/ согтуу《酔った》（< согто-《酔う》）
тэнцүү《等しい》（< тэнцэ-《つり合う》）
/ халуун《熱い，暑い》（< хала-《熱くなる》）
сэрүүн《目の覚めた，涼しい》（< сэрэ-《目覚める》）
/ тасархай《切れた》（< тасра-《切れる》）
эвдэрхий《こわれた》（< эвдрэ-《こわれる》）

8. 《動作の形状》… -гар⁴ / -гай⁴
гялгар《光沢のある》（< гялай-《輝く》）
шовгор《先のとがった》（< шовой-《先がとがる》）
/ хазгай《傾いた》（< хазай-《傾く》）
гонзгой《細長い》（< гонзой-《細長くなる》）

9. 《〜するほどの，〜に値する（行為の可能性）》… -м
гайхам《驚くべきほどの》（< гайха-《驚く》）
өрөвдөм《同情すべき》（< өрөвдө-《同情する》）

10. 《習慣となった性格，熟達した性質》… -мхай³ / -мгай³ / -мтгай³
мартамхай《忘れっぽい》（< марта-《忘れる》）
чадамгай《巧みな，有能な》（< чада-《できる》）
зочломтгой《客をよくもてなす，客好きな》
　　　　　　　　　　　（< зочло-《客をもてなす》）

練習 (дасгал)

次のかっこの中に適する語派生接尾辞を入れて文を完成させなさい。

I. 1. Өвлийн хүйтэнд чихэ(　　　) хэрэг болдог.
   2. Японы нэр(　　　) зохиол(　　　)ийн роман миний сонирхлыг их татсан шүү.
   3. Ханако тос(　　　) ихтэй хоолонд тун дургүй.
   4. Эндэхийн гүзээ(　　　) ёстой сайхан амт-(　　　) байна.
   5. Өө, чи чинь яасан муу(　　　) амь(　　　) бэ.
   6. Энэ бол түүнд ерөөсөө хамаа(　　　) асуудал.
   7. Доржийн өвөө цай(　　　) хүн юмаа.
   8. Таны аав мал(　　　) уу?
   9. Тэр дэлгүүрт байгаа жижиг(　　　) хүүхэ-(　　　)г худалдаж авмаар байна.
   10. Япон бол уула(　　　) орон.
   11. Ихэ(　　　) зантай хүнд хүн болгон дургүй байдаг.

```
-ч , -чин , -тан , -вч , -лзгэнэ ,
-лдэй , -т , -тай , -гүй , -саг ,
-мсэг , -хай , -хэн , -рхаг , -лог
```

II. 1. Бид таны энэ сана(　　　)ыг бүрэн дэмжиж байна.
   2. Энэ надад үнэхээр их сурга(　　　) боллоо.
   3. Хувцасны өлг(　　　) хаана байдаг вэ?

4. Тэднийх удахгүй зус(　　　)даа гарна.
5. Хөгжи(　　) орнуудын удирдагчдын уулзалт болов.
6. Түүний ярьж байгаа зүйл бол ямар ч бари-(　　)гүй юм.
7. Би хичээл дээр багшийнхаа асуу(　　)анд бүрэн хариулж чадаагүй.
8. Чи чинь яасан марта(　　) хүн бэ.
9. Та маргаашийн цаг агаарын мэд(　　) сонссон уу?
10. Тэр зур(　　)ийн зурсан уран зура(　　) тун гайха(　　)тай юм.
11. Тэнд зогсож байгаа гонз(　　) царайтай хүнийг чи таних уу?
12. Ресторанд нэгэн тура(　　) өндөр залуу их согт(　　) орж ирэв.

```
-ээ , -мж , -мт , -аач , -г ,
-л , -үүр , -лт , -лан , -мшиг ,
-нгүй , -нхай , -уу , -гой , -мхай
```

ӨЛЗИЙ УТАС (吉祥の紐)

仏の慈悲の無限さ，
永遠の幸福を表す。

Сайнтай нөхөрлөвөл сарны гэрэл
Муутай нөхөрлөвөл могойн хорлол

19. ЗАХИДАЛ I

Сайн байцгаана уу?

Эрхэм найз Тароогийнхоо түмэн амар амгаланг айлтган мэндчилье.

Чамаас олон сайхан гэрэл зураг бүхий захидал хүлээн авч, маш их баярласнаа юуны өмнө хэлмээр байна.

Манай оронд хур бороо элбэгтэй, өвс ногоо сайтай, цаг агаар дулаахан тун аятайхан зун болж байна.

Танайхан дор бүрдээ ажил сургуульдаа явцгаагаад, сайн байгаа биз дээ. Манайхан цөмөөрөө сайн.

Чи энэ зун чухам хэдийд Монголд ирэх гэж байгаагаа эртхэн шиг тодорхой мэдэгдээрэй. Чамайг ирэхлээр Өмнөговь явж, чамтай хамт говиор аялах санаатай.

Би зуныхаа амралтыг VIII сарын 10-наас авахаар болсон.

Хариу захидал бичээрэй.

Өөр онцын сонин зүйлгүй.

Баяртай.

Тароо чамд болон танай гэр бүлийнхэнд
эрүүл энхийг хүсч мэндчилгээ дэвшүүлсэн
   Даян
   Улаанбаатар
   VI сарын 28-ны сайн өдөр

ラクダの群れ

善と親しくすれば月の光
悪と親しくすれば蛇の毒

訳（орчуулга）

19. 手紙 I（ダヤンから太郎へ）

今日は。

親愛なる友，太郎さんにはお元気でお過ごしのことと存じ上げます。

あなたからたくさんのきれいな写真入りのお手紙をいただき，先ずはお礼の言葉を述べたいと思います。

こちらは雨が多く，草がよく育ち，天候は温暖でとても快適な夏です。

ご家族の皆様は仕事や学校に行かれてお元気のことと存じます。私たち家族は皆元気です。

あなたはこの夏一体いつモンゴルに来られるのか早めに具体的にお知らせください。あなたが来られたらすぐにウムヌ・ゴビに出かけ，一緒にゴビを旅行する所存です。

私は夏休みを8月10日から取ることにしました。

ご返事ください。

とり急ぎ用件のみにて。

さようなら。

太郎さんとご家族の皆様のご健康をお祈り致します。

ダヤン

オラーンバータル

6月28日　吉日

ツーリストセンター

語句（үг хэллэг）

I. 名詞類

захидал　手紙
　хариу ～　返事
эрхэм　親愛なる
найз　友人，友達
гэрэл зураг　写真
хур бороо　雨
цаг агаар　天気，天候
аятайхан　快適な
хэдийд　いつ
эртхэн　早めに

тодорхой　はっきりした，具体的な
амралт　休み，休暇
　зуны ～　夏休み
өөр　他の，他に
гэр бүл　家族
　～ийнхэн　家族の人たち
эрүүл энх　健康
мэндчилгээ　あいさつ
сайн өдөр　吉日

II. 動詞類

айлтга-　伺う；申し上げる
　амар амгаланг ～　ご機嫌をお伺いする
хүлээн ав-　受け取る
мэдэгдэ-　知らせる
　（мэдэ-《知る》の受身）
аяла-　旅行する
хүсэ-　願う，希望する
дэвшүүл-　（意見などを）出す，述べる

III. その他

дор бүрдээ　みんな，すべて（＝бүгдээрээ, цөмөөрөө の意）
-хаар⁴ бол-　～することになる
болон　～と，～及び

Ой мод урттай богинотой
Олон хүн сайнтай муутай

19. ЗАХИДАЛ II

Сайн байна уу ? Эрхэм найз минь

Даян чиний бие тэнхээ данги, ажил төрөл чинь амжилттай буй за.

Чиний захидлыг түрүүчийн долоо хоногийн пүрэв гаригт хүлээж авсан. Тэгээд одоо хариу захидал үүнийг бичиж сууна.

Манай энд борооны улирал бүүр дууссан. Одоо ёстой танайхны ярьдгаар ⟨⟨нохой гаслам⟩⟩ халуун өдрүүд үргэлжилж байна.

Надтай хамт говиор аялна гэснийг чинь дуулаад үнэхээр их баярласан шүү.

Би энэ зун 8-р сарын 8-ны лхагва гаригт Улаанбаатарт очихоор онгоцны билет захиалчихсан. Намайг Буянт-Ухаагийн онгоцны буудалд тосч авахыг бодоорой.

За баяртай.

Удахгүй уулзахын ерөөл дэвшүүлж

хүндэтгэн ёсолсон Тароо чинь

Осака хот

7-р сарын 18

ゴビの固い木ザグ

　　　　　　　　森林には長いのも短いのもある
　　　　　　　多くの人には良い人も悪い人もいる

訳（орчуулга）

19．手紙Ⅱ（太郎からダヤンへ）

　今日は，親愛なるわが友。

　ダヤンさん，お体はお元気で，お仕事も順調なことと存じます。

　あなたのお手紙を先週の木曜日にいただきました。それで今返事を書いております。

　こちらは梅雨がすっかり明けました。今はまさにそちらでよく言う《犬が悲鳴をあげるほどの》暑い日々が続いています。

　私と一緒にゴビを旅行されるとお伺いし，本当にとてもうれしく存じます。

　私はこの夏8月8日水曜日にオラーンバータルへ参るため飛行機のチケットを予約いたしました。私をボヤント・オハー空港でお迎えくださるようお願いいたします。

　では，さようなら。

　まもない再会を祝して。

　　　　　　　　　　　　　　　　　　　　　　　　　敬具

　　　　　　　　　　　　　　　　　　　　　　　　　太郎

　　　　　　　　　　　　　　　　　　　　　　　　　大阪市

　　　　　　　　　　　　　　　　　　　　　　　　　7月18日

語句 (үг хэллэг)

I. 名詞類
  бие тэнхээ　健康
  данги　元気な, 丈夫な (＝口語で сайн の意)
  ажил төрөл　仕事
  амжилттай　成功した, うまくいった
  түрүүчийн　前の
  гариг　～曜日

  энд　ここで, 当地で
  бороо　雨
  　～ны улирал　梅雨, 雨季
  ёстой　まさに；本当に
  танайхан　あなたの所
  нохой　犬
  үнэхээр　本当に
  ерөөл　祝詞

II. 動詞類
  дуус-　終わる
  гасал-　(犬が)キャンキャン鳴く
  үргэлжлэ-　続く
  дуул-　聞く

  тосч ав-　迎える
  хүндэтгэ-　尊敬する
  　～н ёсолсон　敬意を表した (日本語の"敬具"にあたる)

III. その他
  буй за　～だろうね, ～でしょうね (相手に同意を求める文末助詞で, биз дээ よりも文語的)

  -хыг² бодоорой　～するようお願いします ("～することを考えてください"が原義)

説明（тайлбар）

Ⅰ．名詞類（名詞・形容詞）から動詞類を派生する接尾辞
（нэрээс үйл үг бүтээх дагавар）

1. -д-（〜 -с-）‥‥《〜になる（自動詞形成）》
   богинод- 〜 богинос-《短くなる》（< богино《短い》）
   уртад- 〜 уртас-《長くなる》（< урт《長い》）

2. -да⁴-‥‥《а．〜を用いて動作を行う（手段動詞形成）；
   　　　　　b．〜すぎる（度を越していることを表示）》
   утасда-《電話をかける》（< утас《糸，電話》）
   хөрөөдө-《鋸でひく》（< хөрөө《鋸》）
   / багада-《小さすぎる，少なすぎる》（< бага《小さい，少量の》）
   томдо-《大きすぎる》（< том《大きい》）

3. -жи-‥‥《〜が増す（継続増大動詞形成）》
   баяжи-《富む，豊かになる》（< баян《富，金持ち》）
   чулууж
и-《化石化する》（< чулуу《石》）

4. -жира⁴-‥‥《〜になる（自動詞形成）》
   сайжира-《良くなる》（< сайн《良い》）
   муужира-《失神・気絶する》（< муу《悪い》）

5. -ла⁴-（〜 -на⁴- /語幹末が м, н(г)の場合）
   ‥‥《主に，а．〜を用いて動作を行う，〜の状態にする（他動詞形
   　　　成）；一部，b．〜が生ずる，〜の状態になる（自動詞形成）》
   тооло-《数える》（< тоо《数》）
   хэрэглэ-《使う，用いる》（< хэрэг《必要，用事》）
   / таргала-《太る》（< тарган《太った》）
   цэцэглэ-《花が咲く》（< цэцэг《花》）
   / самна-《髪をとかす》（< сам《くし》）
   агна-《狩りをする》（< ан(г)на- < ан(г)《狩り》）

6. -ра⁴- (～ -ла⁴- /語幹に p がある場合) ‥‥《～になる(自動詞形成)》
   хуучира-《古くなる》(< хуучин《古い》)
   хөгшире-《年を取る》(< хөгшин《年取った》)
   / харла-《黒くなる》(< хар《黒い》)
   шарла-《黄色くなる》(< шар《黄色い》)

7. -рха⁴- (～ -лха⁴- /語幹に p がある場合)
   　　　　　　　　‥‥《～を誇張して示す(誇大動詞形成)》
   сонирхо-《興味を持つ，関心を示す》
   　　　(< сонин《変わった，おもしろい》)
   ихэрхэ-《尊大ぶる，うぬぼれる》(< их《大きい》)
   / бяралха-《力を誇る》(< бяр《力，体力》)
   дээрэлхэ-《横柄に振舞う》(< дээр《上(に)》)

8. -с- ‥‥《自動詞形成》
   ундаас-《のどがかわく》(< ундаа《飲み物》)
   хийс-《(風で)吹き飛ぶ》(< хий《空気》)

9. -са⁴- ‥‥《～を欲する，望む(欲望動詞形成)》
   хужирса-《(家畜が)ソーダをほしがる》
   　　　(< хужир《天然のソーダ》)
   төрхөмсө-《(妻が)実家を恋しがる》(< төрхөм《妻の実家》)

10. -та⁴- ‥‥《～が生ずる，起こる，できる；～の状態になる(生起動詞形成)》
    цанта-《白霜がおりる，白霜でくもる》(< цан《白霜》)
    хиртэ-《汚れる，汚くなる》(< хир《汚れ》)

11. -ца⁴- ‥‥《ａ．相互に/共同して～する(相互・共同動詞形成)；
    　　　　　ｂ．～を感じる，～の状態になる(自動詞形成)》
    хайнца-《引き分ける》(< хайн《引き分け》)
    мөрийцө-《かけをする》(< мөрий《かけ》)
    / халууца-《暑く感じる》(< халуун《暑い》)

дургүйцэ-《嫌いになる》(< дургүй《嫌いな》)

12. -чла⁴- / -вчла⁴- ‥‥《〜にする，〜とみなす，〜化する(他動詞形成)》

чухалчла-《重要視する》(< чухал《重要な》)
өөрчлө-《変える》(< өөр《他の，別の》)
/ нарийвчла-《詳細に見る》(< нарийн《細い，細かい》)
хөнгөвчлө-《軽くする，やわらげる》(< хөнгөн《軽い》)

13. -ши- ‥‥《〜をわがものとする；〜の状態になる(領有動詞形成)》

амтши-《味をしめる》(< амт《味》)
гэмши-《後悔する》(< гэм《罪》)

14. -шира⁴- ‥‥《〜になる(自動詞形成)》

тайвшира-《落ち着く，静まる》(< тайван《平和(な)》)
олширо-《ふえる，多くなる》(< олон《たくさんの，多くの》)

15. -шаа⁴- ‥‥《〜だとみなす，認める(容認動詞形成)》

сайшаа-《賞賛する》(< сайн《良い》)
муушаа-《非難する》(< муу《悪い》)

II．不変化詞類から動詞類を派生する接尾辞
(сул үгээс үйл үг бүтээх дагавар)

1．非生産的変化語根から動詞類を派生する接尾辞

a．-л- ‥‥《一度だけ〜する(他動詞形成)》

хугал-《折る，こわす》
(< хуга《分離・破壊表示(ボキッ，バチッ)》)
цоол-《穴をあける》(< цоо《貫通表示(グサリ，ザクッ)》)
дэлбэл-《爆発させる》
(< дэлбэ《爆発・破裂表示(バーン，ボーン)》)

193

   b．-ра⁴- ‥‥《～になる（自動詞形成）》
     хуга<u>ра</u>-《折れる，こわれる》（＜ хуга《同上》）
     цоо<u>ро</u>-《穴があく》（＜ цоо《同上》）
     дэлбэ<u>рэ</u>-《爆発する》（＜ дэлбэ《同上》）

   c．-чи- ‥‥《何度も～する（反復動詞形成）》
     хуга<u>чи</u>-《何度も折る，砕く》（＜ хуга《同上》）
     цоо<u>чи</u>-《何度も穴をあける》（＜ цоо《同上》）
     дэлбэ<u>чи</u>-《何度も爆発する》（＜ дэлбэ《同上》）

2．オノマトペから動詞類を派生する接尾辞
   a．-ги-(-гэ-) / 長母音や p の後で
     шаа<u>ги</u>-《（雨が）ザァーザァー降る》（＜ шаа）
     жир<u>гэ</u>-《（小鳥が）さえずる》（＜ жир）

   b．-ла⁴-
     май<u>ла</u>-《（羊・山羊が）メーと鳴く》（＜ май）
     гуаг<u>ла</u>-《（カラスが）カアカア，（カエルが）クワックワッ鳴く》
                                  （＜ гуаг）
  → -хила⁴-
     аа<u>хила</u>-《ハーハー息が切れる》（＜ аа）
     уу<u>хила</u>-《あえぐ，息が切れる》（＜ уу）

   c．-на⁴-
     хях<u>на</u>-《（車輪や荷が）キーキーきしむ》（＜ хях）
     бүв<u>нэ</u>-《ぶつぶつ言う》（＜ бүв）

  → { -хина⁴- / 短母音や長母音の後で
       -гина⁴- / н(г)の後で
     ха<u>хина</u>-《（車輪や扉が）きしむ音がする》（＜ хар）

шуухина-《ぜーぜーという音がする》(< шуу)
/ янгина-《(金属性の)キーという音がする》(< ян)
дүнгэнэ-《ブーンという鈍い音がする》(< дүн)

→ -чигна⁴- / -жигна⁴- / 主に р や短母音の後で
порчигно-《(液体が沸騰して)ブクブク音がする》(< пор)
нижигнэ-《とどろく，鳴り響く》(< нир)

→ -тна⁴-
бавтна-《ぺちゃくちゃしゃべる》(< бав)
хүхтнэ-《口をつぼめて含み笑いをする》(< хүх)

d．-ра⁴-
мөөрө-《(牛が)モーと鳴く》(< мөө)
хэхрэ-《げっぷをする》(< хэх)

→ -хира⁴- / 主に р,一部 ш, 長母音の後で
хурхира-《いびきをかく》(< хур)
хүрхэрэ-《(猛獣が)うなる》(< хүр)

e．-ши- / г や н(г)の後で
тогши-《(扉を)ノックする》(< тог)
гунши-《鼻声で話す》(< гун)

→ -шира⁴-
шагшира-《(非難を示し)舌打ちする》(< шаг)
шогширо-《(同情・遺憾などを示し)舌打ちする》(< шог)

練習 (дасгал)

次のかっこの中に適する語派生接尾辞を入れて文を完成させなさい。

Ⅰ. 1. Надаар тус(　　　　)уулах юм байвал ний нуугүй хэлээрэй.
2. Миний цамцны зах хир(　　　　)сэн байна.
3. Энэ гутал надад жаахан том(　　　　)ж байна.
4. Инээвэл залуу(　　　　)на, уурлавал хөгши-(　　　　)нө гэдэг үг бий.
5. Нэгэнт л шалгалтандаа унасан юм чинь одоо гэм-(　　　　)ээд нэмэргүй дээ.
6. Өдөр аажим аажмаар богино(　　　　)ч байгаа бололтой.
7. Чи ийм олон давхар хувцастай байж халуу-(　　　　)хгүй байна уу?
8. Энэтхэгийн хүн ам жил бүр ол(　　　　)х төлөвтэй байна.
9. Монгол, Япон хоёрын харилцаа сүүлийн жилүүдэд эрс сай(　　　　)ч байна.
10. Зуны даалгаврыг маш сайн хийсэн сурагчдыг багш олны өмнө сай(　　　　)в.
11. Чи надад атаа(　　　　)ж байгаа юм уу?
12. Арван жилийн өмнөхтэй харьцуулбал эндэхийн амьдрал маш их өөр(　　　　)гджээ.
13. Би өчигдөр түүн рүү утас(　　　　)сан чинь тэр гэртээ байгаагүй.

```
-д- , -до- , -ж- , -жир- , -л- , -р- , -рха-
-с- , -т- , -ца- , -члө- , -ш- , -шро- , -шаа-
```

II. 1. Оюун юм л бол шив(   )ж байх нь олонтоо харагддаг.
2. Горхины ус хор(   )н дуугарч байна.
3. Хэрээний гуаг(   )х нь муу ёр гэсэн яриа байдаг.
4. "Нэр хуга(   )хаар яс хугар" гэсэн үгийг үргэлж санаж яваарай.
5. Хичээл орох хонх жин(   )ж байна.
6. Өгсүүр газар учраас маш их аа(   )ж байна.
7. Чи өчигдөр яагаад түүхийн хичээлээ таса-(   )чихаа вэ?
8. Унтах үедээ чанга хур(   )х нь ядарсны шинж мөн.
9. Ширүүн бороо гэнэт шаа(   )н оров.
10. Их цочсоноосоо болоод зүрх минь түг(   )ээд байна.
11. Үнээ, тугал мөө(   )лдөж байна.

```
-ги- , -л- , -ла- , -хил- , -нэ- , -гэнэ- ,
-жигно- , -ра- , -рө- , -хира- , -ш-
```

仏の威徳を示し、煩悩を
打ち砕く力強さを表す。

ДУАЗ (旗)

Амны бэлгээр
Ашдын жаргал

20. МОНГОЛ ЁС ЗАНШЛААС

Цай хоолныхоо дээжийг заавал ч үгүй гэрийн эзэнд өгнө. Гэрийн эзэн ажил албатай байхгүй байгаа бол дээжий нь түүний аяганд хийж үлдээдэг уламжлалтай.

§ § §

Монголчууд нь цайны аяга болон айрагны аягыг ерөөс долоодоггүй. Харин хоолны аяга, тарагны аяга хоёрыг долоодог заншилтай ажээ.

§ § §

Бага насны хүүхдүүд гэрт орохдоо босго даван унаж ойчвол "сайн бэлгэтэй явдал" гэж үздэг. Мөн гадагшаа гарах үедээ ойчвол "бэлгэ муутай", "гарлагын үүд хаалга нээгдлээ" хэмээн үздэг юм.

§ § §

Нялх бага хүүхдийг "хөөрхөн", "ухаантай", "сайхан" "буянтай" гэхэчлэн магтахыг цээрлэнэ. Магтваас "цагаан хэл ам хүрнэ", "гай барцад нүүрлэнэ" гэдэг.

§ § §

Малгайг дээш нь харуулж тавьдаггүй. Хэрвээ ингэж тавих юм бол "өвчин гуйж байна" гэж цээрлэн жигшдэг.

§ § §

Аяга, гутал, оймс зэргийг бэлгэнд олонтоо өгдөг. Яагаад гэвэл, "дээшээ харсан сав" хэмээн ихэд бэлэгшээдэг юм.

§ § §

Зуны улиралд нар буцахаас өмнө урсгал усанд орохыг хатуу хориглодог. Усны хор гараагүй байхад урсгал усанд орвол "өвчин олно", "өрөөл татанхай болно" гэж болгоомжилдог.

§ § §

Морь болон бусад унаан дээрээ буруу харан мордохыг цээрлэнэ. Эрт дээр үед цөлөгдөх хүнийг л морины сүүл рүү буруу харуулан унуулдаг байжээ.

§ § §

Мал сүрэг өглөө эртлэн бэлчээртээ явбал тэнгэр сайхан болно. Босохгүй хэвтээд байвал тэнгэр муудна гэж малчид ярих нь бий.

§ § §

Нар, сар хүрээтэх нь салхи ширүүсч, тэнгэр бүрхэн, хур тундас унаж, сэрүүсч хүйтрэхийн нэгэн шинж хэмээн үздэг байна.

口の吉兆で
永遠の幸福

訳（орчуулга）

20．モンゴルの習慣から

　お茶や食事の最初の一杯を必ず家の主人に与える。家の主人が仕事や用事で留守ならば，その最初の一杯を彼の茶わんに入れて残す伝統がある。

§　　　§　　　§

　モンゴル人は，お茶の茶わんと馬乳酒の茶わんを決してなめない。しかし，食事の茶わんとヨーグルトの茶わんはなめる習慣がある。

§　　　§　　　§

　小さい子供たちが家に入るとき，しきいをまたいで転んだら，"縁起の良い(吉兆の)出来事"と見る。また，外に出るとき転んだら，"縁起の悪い(凶兆)"とか"損害の扉が開いた"と見る。

§　　　§　　　§

　小さい子供を"かわいい"，"賢い"，"きれいな"，"徳のある"などとほめることをタブーとする。ほめると"お世辞になる"，"災難に会う"と言う。

§　　　§　　　§

帽子をさかさまに上に向けて置かない。もしこのように置くならば，"病気を願っている"とタブー視して嫌う。

§　　§　　§

　茶わん，靴，靴下などを贈り物によくあげる。なぜかと言うと，"上向きの入れ物"と言って非常に縁起が良いと見なすからである。

§　　§　　§

　夏の季節，夏至になる前に，流れる水の中に入ることを堅く禁じる。水の毒気が抜けていないときに水の中に入ると，"病気にかかる"，"半身不随になる"と言って用心する。

§　　§　　§

　馬や他の乗り物に逆向きに乗ることをタブーとする。大昔，追放される人だけを馬のしっぽの方に逆向きにさせ乗らせていたためである。

§　　§　　§

　家畜が朝早く牧草地に行けば天気が良くなる。起きないで横になっていれば天気が悪くなると牧民たちが話すことがある。

§　　§　　§

　太陽や月がかさをかぶるのは，風が激しくなり，天気が曇り，雨や雪が降って冷えて寒くなる一つの兆候と見るのである。
　注）最後の二つは天気予知法に関するものである。

語句（үг хэллэг）

I．名詞類

заншил 習慣，ならわし
ёс ～ 習慣
дээж 最初の一杯；供物
эзэн 主人
алба 勤め，用事
уламжлал 伝統
ерөөс (～гүй) 決して(～でない)
хүүхэд 子供
босго しきい
бэлгэ 兆候，縁起
явдал 出来事
гадагш 外へ
гарлага 損害
үүд хаалга 扉，ドア
нялх 生まれたての
хөөрхөн かわいい
ухаантай 賢い，頭のよい
буян 徳，善
цагаан хэл ам ほめ言葉，お世辞
гай 害，災難
барцад 支障，障害
малгай 帽子
дээш 上へ

өвчин 病気
оймс 靴下
бэлэг 贈り物，プレゼント
олонтоо 何度も，よく
урсгал ус 流水
хатуу かたい，厳しい
хор 毒
усны хор гараагүй байхад…水の毒気が抜けていないときに…（夏至になる前の水の流れは体に毒なので，入ってはいけないという言い伝えがモンゴルにある）
өрөөл татанхай 半身不随の
бусад 他の
унаа 乗り物
буруу 間違って，逆に
өглөө 朝 ～ эртлэн 朝早く
бэлчээр 牧草地
тэнгэр 天気；天，空
нар 太陽
салхи 風
хур тундас 降水，雨雪
шинж 兆候

II．動詞類

хий- 入れる
үлдээ- 残す
долоо- なめる
дава- 越える
уна- 落ちる，倒れる
ойчи- 落ちる，転ぶ
нээгдэ- 開かれる
　（нээ-《開く》の受身）
магта- ほめる
цээрлэ- 禁じる，タブーとする
нүүрлэ- （悪いことに）遭遇する，会う（＝учра-, тохиолдо- の意）
харуул- 見せる，向ける
　（хара-《見る，向く》の使役）
гуй- 頼む，乞う，願う
жигши- 嫌う
бэлэгшээ- 縁起が良い(吉兆)と見なす
нар буца- 夏至になる(一般に6月22日を指す)
хоригло- 禁じる
ол- 得る，もらう
болгоомжло- 注意する，用心する
мордо- 乗る
цөлөгдө- 追放される
　（цөлө-《追放する》の受身）
унуул- 乗らせる
　（уна-《乗る》の使役）
бос- 起きる，立ち上がる
хэвтэ- 横になる
мууда- 悪くなる
хүрээтэ- かさをかぶる，囲いをつける
ширүүс- 激しくなる
бүрхэ- 曇る
сэрүүс- 涼しくなる
хүйтрэ- 寒くなる

III．その他

заавал ч үгүй 必ずや

説明（тайлбар）

I．人の性質（мөс чанар）を示す表現について

〈良いイメージをもつもの〉

1. боловсон / соёлтой　教養のある, 品のある
2. буурьтай / буурь суурьтай　堅実な, しっかりした
3. гарын дүйтэй　手先が器用な
4. даруу / төлөв төвшин　おとなしい, 控え目な
5. зоригтой / зүрхтэй　勇気ある, 勇敢な
6. махруу　努力家の, がんばりやの
7. намбатай / намбалаг / намба төрхтэй　落ち着いた
8. нийцтэй　社交的な, 愛想のよい
9. нүүрийн буянтай　顔が広い
10. нямбай　慎重な
11. овсгоотой / шаламгай　機敏な
12. өглөгч / нүнжигтэй　気前の良い
13. танил тал ихтэй　知り合いの多い
14. томоотой　行儀のよい, まじめな
15. ухаантай / толгойтой　賢い, 頭のよい
16. ухамсартай　物のわかる, 分別のある
17. холын（～алсын）хараатай　先見の明のある
18. хэрсүү / хашир　用心深い
19. хээгүй / гүдэсхэн　気兼ねしない, 気さくな
20. цайлган / цагаан（～сайхан）сэтгэлтэй　純真な, 心のきれいな
21. шударга / үнэнч　正直な, 誠実な
22. яриа хөөрөөтэй　話好きな

〈悪いイメージをもつもの〉

1. адгуу / яаруу　せっかちな, せわしない
2. балиар / заваан　汚ない, 荒っぽい

3. бүдүүлэг / соёлгүй 品のない
4. бялдууч / зусарч おべっかを使う
5. галзуу / солиотой 気の狂った
6. гэнэн / хөнгөн 軽率な
7. дуугай 無口な
8. залхуу / лазан なまくらな，なまけ者の
9. зальтай / мэхтэй / аргатай ずるい
10. зожиг / ганцаардмал 社交的でない，一匹狼の
11. зориггүй / зүрхгүй / аймхай 臆病な，気の小さい
12. зөрүүд 頑固な，強情な
13. ихэмсэг / дээрэнгүй 横柄な，高慢な
14. ичимхий / бүрэг 恥ずかしがりの，内気な
15. мартамхай 忘れっぽい
16. номой（〜 ноомой） 鈍い，のろい
17. нүүрэмгий 恥知らずの，厚かましい
18. ой гутмаар むさくるしい
19. онгироо / сагсуу / хөөрүү 威張った，自慢たらしい
20. өөч / шооч / сонжооч けち（難癖）をつける，あれこれ言う
21. сахилгагүй / цадиггүй / зүггүй / дэггүй 行儀の悪い
22. түргэн（〜 огцом）зантай 短気な，気性の激しい
23. тэнэг / мангар / мунхаг / эргүү 馬鹿な
24. үрэлгэн 浪費癖のある，金使いの荒い
25. хайнга いいかげんな，ちゃらんぽらんな
26. хар（〜 муу）санаатай / дотуур тамиртай 意地悪な
27. харамч / нарийн けちな
28. хартай 疑い深い；しっと深い
29. хоёр нүүртэй 二面性のある，裏表のある
30. худалч うそつき
31. цамаан えり好みする，好き嫌いする
32. чалчаа / үглээ / яншаа おしゃべりな，口数の多い

33. шунахай / ховдог　欲張りな，貪欲な

Ⅱ．モンゴル人の名前（хүний нэр）について

モンゴル人の名前には縁起の良い名前が非常に多い。例えば，Баянжаргал《豊かな幸福》，Буянтогтох《徳がつく》，Уртнасан《長寿》，Мөнхбаяр《永遠の喜び》など。その一方で，子供に恵まれない家では，子供が生まれると悪霊から子供を守るために，わざと Муунохой《悪い犬》，Тэрбиш《それでない》，Хүнбиш《人でない》，Хэнчбиш《誰でもない》など，一風変わった名前をつけることがある。

また，モンゴル人の名前を形態的に見ると，一般に単一語より，むしろ2つの語から構成される複合語の方が主流をなすという特徴が見られる。

さらに，1940年代まではチベット起源の名前を多くつけていたのに対し，最近ではモンゴル起源の名前を比較的多くつける傾向が見られる。

チベット起源	モンゴル起源
Мядагмаа （＜ мядаг《花》＋ маа《母》）	Наранцэцэг （＜ наран《太陽》＋ цэцэг《花》）
Чойжамц （＜ чой《法》＋ жамц《海》）	Мөнгөнхүү （＜ мөнгөн《銀》＋ хүү《息子》）
Лувсандорж （＜ лувсан《すぐれた知恵》＋ дорж《金剛》）	Ариунбаатар （＜ ариун《清い》＋ баатар《英雄》）
Лхамсүрэн （＜ лхам《女神》＋ сүрэн《守護神》）	Алтантуяа （＜ алтан《金》＋ туяа《光》）

練習 (дасгал)

Ⅰ. 次にあげるものは人の性質を示す語の説明です。かっこの中に相当する語を入れなさい。
1. ямар ч юм хийх дургүй … (　　　　)
2. занааш номхон дөлгөөн … (　　　　)
3. хүний үг авдаггүй гажууд … (　　　　)
4. худалч хуурамч зангүй … (　　　　)
5. хэтэрхий том юм ярьдаг … (　　　　)
6. дэндүү их чармайлт гаргадаг … (　　　　)
7. хүнтэй нийц муутай … (　　　　)
8. хиргүй цагаан сэтгэлтэй … (　　　　)
9. юмаа бусдад өгөх дургүй … (　　　　)
10. юманд болгоомжтой ханддаг … (　　　　)

> даруу , махруу , хашир , цайлган , шудрага ,
> залхуу , зожиг , зөрүүд , онгироо , харамч

Ⅱ. 次のかっこの中に適する動詞を入れて慣用句を完成させなさい。
1. Нутаг буцах нохойн дуу нэн (　　　　)ж байна.
   故郷に帰る日が間近に迫っています。
2. Шалгалтанд будаа (　　　　)дэг оюутан мэр сэр байдаг.
   試験でカンニングする学生がまれにいます。
3. Чи чинь яасан ичих нүүрэндээ илэг (　　　　)сан амьтан бэ.
   君は何て恥知らずなやつなんだ。
4. Магнайгаа (　　　　)тал баярлалаа.

208

本当にとってもうれしいです。

5. Манай улсад юмны үнэ тэнгэрт (　　　　)ж, мөнгөний ханш эрс унаж байна.
わが国では物価が急騰し，為替レートが暴落しています。

6. Битгий надад цаасан малгай (　　　　)ээд бай.
私をそんなにおだてないでよ。

7. Би Доржийн ярихыг сонсоод элгээ (　　　　)төл хөхөрлөө.
私はドルジの話すのを聞いて抱腹絶倒しました。

8. Тэр хоёр сав л (　　　　)вэл хэрэлдэж байх юм.
あの2人はしょっちゅうけんかしています。

9. Насанд хүрээгүй хүүхдийг уруу (　　　　)ж насанд хүрэгчдийн кинонд дагуулж явж болохгүй.
未成年者をそそのかして成人映画に連れて行ってはいけません。

10. Багш намайг тэнгэр (　　　　)тал магтав.
先生は私を最高にほめてくれました。

11. Пүүсийнх нь данс (　　　　)сан учраас тэр нэлээн бухимдуу байгаа бололтой.
会社が破産したので，彼はかなりいらいらしているようです。

12. Би чамаас арай л олон оймс (　　　　)сэн шүү дээ.
私はあなたよりも少し長く人生を歩んできたよ。

| ид-, наа-, ойрто-, өмсүүл-, тата-, тул-, улай-, хагар-, хада-, хий-, хөш-, элээ- |

仏の教えが一切の煩悩を打ち砕き，
回転して広まることを表す。

ХОРОЛ（法輪）

練習（дасгал）の解答例（日本語訳付き）

1. I．1．уу（これは本ですか）2．үү（これはノートですか）3．юу（これは鉛筆ですか）4．юү（これはテーブルですか）5．вэ（これは何ですか）6．бэ（これは誰ですか）

   II．1．ямар（それは何色ですか）2．аль（ドルジはどのアイマグ出身ですか）3．хаана（君はどこに住んでいますか）4．хэн（さっき私を誰が呼びましたか）5．юу（あなたは店から何を買いましたか）6．хэзээ（彼らはいつモンゴルへ行きますか）7．хэдэн（あなたは何歳ですか）

2. I．1．миний（これは私の本です）2．минь（私のお母さんは50歳です）3．чиний（あれは君のペンですか）4．чинь（君のお兄さんは出かけましたか）5．Түүний（彼の鉛筆はここにありません）6．нь（彼のお父さんは相撲が好きですか）

   II．1．дүү（彼はあなたの弟ですか）2．ах（あなたのお兄さんは運転手ですか）3．аав, ээж（彼の両親は2人とも先生ですか）4．хүү（ドルジの息子は生徒ですか）5．Охин（あなたの娘は医者ですか）6．эгч（あなたのお姉さんは結婚していますか）

3. I．1．багшид（この本をドルジ先生に渡してください）2．багштай（私はドルジ先生と会いました）3．багш（ドルジ先生は子供が5人います）4．багшаас（これはドルジ先生にたずねてください）5．багшийг（あなたはドルジ先生を呼びましたか）6．багшаар（私たちはドルジ先生にモンゴルについて話してもらいました）7．багшийн（これはドルジ先生のペンです）

   II．1．үзэхгүй юу（君は私と一緒に映画を見ませんか）2．бололгүй яах вэ（ここでタバコを吸ってもいいですか。──

ええ，もちろんですとも）3．явъя（じゃ，2人で一緒に行きましょう）4．орно уу（どうぞお入りください）5．утасдаарай（必要なら私に電話してください）

4．I．1．явсан（私は去年モンゴルへ行きました）2．явна（私は来年もモンゴルへ行きます）3．явж байна（あなたは今どちらへ行かれますか）4．явлаа（じゃ，もう行きます）5．явдаг（私は毎朝8時に家を出て仕事に行きます）

II．1．хорин дөрвөн（1日は24時間です）2．гурван зуун жаран таван（1年は365日です）3．хорин мянган（彼は2万冊本を持っています）4．хоёр зуун ерэн мянган（太郎は月29万円の給料をもらいます）

5．I．1．залуучууд（若者たち）2．охид（娘たち）3．ах нар（兄たち）4．хүүхдүүд（子供たち）5．монголчууд（モンゴル人たち）6．та нар（あなたたち）7．жуулчид（旅行者たち）8．эрдэмтэд（学者たち）9．далайнууд（海［複数の］）10．зохиолууд（作品［複数の］）11．ширээнүүд（テーブル［複数の］）

II．1．Яасан сонин хүн бэ．（お久しぶりですね）2．Чи юу авмаар байна вэ？（君は何を買いたいんですか）3．Би Дорж багштай уулзах гэсэн юм．（私はドルジ先生とお会いしたいんですが）4．Би үүнийг л авъя．（私はこれだけ買いましょう）または Би л үүнийг авъя．（私だけこれを買いましょう）5．Бид ирэх наймдугаар сард Монголд очно．（私たちは来年の8月にモンゴルへ行きます）

6．I．1．аад（あなたはどこへ行ってきましたか）2．ж（道中お元気でいらっしゃいましたか）3．вал（この本はよく読めばわかります）4．вч（この本は読んでもよくわかりません）5．

магц, н（私は彼らが行くとすぐに家を急いで掃除しました）
6. тал（あなたが読み終わるまで私はその本を受け取りません）7. нгаа（ドルジは授業に行くついでに朝，郵便局に行きました）

II．1. маргааш / нөгөөдөр（あなたは明日 / あさって暇ですか）2. өчигдөр / уржигдар（ダヤンは昨日 / おとといどちらへ行きましたか）3. ирэх（太郎は来月からモンゴルへ行きます）4. өнгөрсөн（花子は先月モンゴルから戻ってきました）5. ирэх жил / дараагийн дараа жил（私の娘は来年 / 再来年小学校に入ります）6. ноднин / уржнан（あなたの息子は去年 / おととし大学を卒業しましたか）

7. I．1. x（ツェツェグは帰る途中，食料品店に行きました）2. даг（アメリカで学ぶ私の弟からおととい手紙が来ました）3. сан（去年注文した本が郵便でつい最近来ました）4. аа（今しゃべっている人の名前は何ですか）5. мээр（オラーンバータルには見るべき博物館がたくさんあります）6. гч（このコピー機は日本製です）

II．курс, автобус, кинотеатр, билет, ресторан, пиво, такси（私は先週の日曜日，英語の2年生のドルジと一緒にバスで市の中心に行きました。《アルド》映画館の切符売り場でチケットを2枚買い，《チンギスハーン》を見ました。その後，私たち2人はレストランで食事を食べながら，ビールを飲みました。そして戻るとき，タクシーで家に帰りました）

8. I．1. хэдэн, таван （あなたは何歳ですか。──25歳です）2. хэд, мянга （これはどれくらいの単語ののった辞書ですか。──3万語ぐらいです）3. мянга（私たちの都市は40万以上の人口です）

II．Хойт, баруун, баруун хойт, зүүн, өмнө, баруун өмнө

(スフバータル広場の周りに市の主要な公共機関があります。北側に政庁，西側にオラーンバータル市庁，北西に民族歴史博物館，東側に文化中央宮殿，オペラ劇場，南側にエンフ・タイワン通り，南西に中央郵便局があります）

9. I.1. лц（バトとドルジはかなり長く話し合いました）2. до（この本は非常に珍しいので手に入らないでしょう）3. уул（あなたは両親に手紙を送りましたか）4. лдо（あの二人の力士はいい勝負で組み合っています）5. гд（家の外で誰かある人の足音が聞こえました）6. ээ（私を明日の朝ちょうど6時に起こしてください）

 II.1. засуул（私は時計を修理してもらいたい）2. авахуул（私は写真を取ってもらいたい）3. заалга（私はモンゴル語を教えてもらいたい）4. хийлгэ（私はモンゴル服を作ってもらいたい）5. бичүүл（私はタイプライターで打ってもらいたい）6. хусуул（私はひげをそってもらいたい）

10. I.1. хорин долоон мянган（この本は2万7千トグルグします）

  2. гурван сая найман зуун мянган（私の友達は去年ドイツの車を1台380万円で買いました）

  3. арван найман сая（あの会社は今年外国から1800万ドルの資本投資を受けるそうです）

  4. дөрөвний нэг（モンゴル国の人口のほぼ4分の1はオラーンバータルにいます）

  5. хоёр аравны таван（去年よりも今年は物価が2.5パーセント上がりました）

  6. дөрөвний гурван（日本の領土の4分の3を山地が占めています）

 II.1.a. тэмээ（《最後の<u>ラクダ</u>の荷は重い》→一番最後の人の

責任は重い，何事も終わりが肝心である，という意）

b．Ямаа（《山羊の肉は熱いうちに》→何事も早いうちに実行に移すべきである，という意。「善は急げ」の類）

c．Үхэр（《正直に行けば牛車でウサギに追いつく》→人は正直に生きれば，いつかは必ず目的に到達できる，という意。「正直の頭に神宿る」の類）

d．Адуу（《ふとんの範囲で足を伸ばし，馬の数の範囲で口笛を吹け》→人は自分の技量・力量に応じて物事を行うべきであり，決して背伸びしてはいけない，という意。「蟹は甲羅に似せて穴を掘る」の類）

e．Хонь（《羊と狼のように》→とても仲の悪いことのたとえ。「犬猿の仲」の類）

2．a．Бух（《曲がって育った子供は種牛の首よりもかたい》→わがままに育った子供は強情で手に負えない，という意）

b．ухна（《百の山羊に六十の種山羊》→ある事柄に従事する者の数が多すぎると，全体のバランスがとれず，かえって物事はうまく運ばない，という意。「船頭多くて船山に上る」の類）

c．азрага（《年取った種馬が跑足を学ぶ》→年寄りが若者をまねて年に不相応な無茶なことをする，という意。「年寄りの冷や水」の類）

d．буур（《死んだ種ラクダの頭を生きている去勢ラクダがこわがる》→弱い立場の者には,何でもないことまで恐ろしく思えるものだ；かつて威厳のあった者は，すでに力を失ってもなお畏敬の念をもって見られるものだ，という意）

e．хуц（《岩壁に向かって二歳の種羊が角で突く》→人は若いときは知識や経験不足から何かと失敗するものだ，という意。「若気の至り」の類）

11. I .1. минь（息子よ，こっちへおいで）2. хээ, ээ（あなたたちは自分の両親について家で書いてきてください）3. чинь（あなたの御専門は何ですか）4. нь, нь（ツェツゲーは子供が2人います。息子は大学生で，娘は中学生です）5. гаа（私はおととい友達と一緒に映画を見ました）6. маань（私の両親は町ではなく，田舎にいます）7. хаа, өө（あなたは夏休みをどう過ごしたのか簡単に話してくれませんか）8. аа（よくわからなければ自分の先生に聞いてください）

II .1. a ．нүд（《目を解く》→見聞を広める）b ．ам（《口をつかむ》→後悔する）c ．хамр（《鼻を持ち上げる》→うぬぼれる）d ．нүүр（《顔が割れる》→うち解ける）e ．хөмсөг（《眉を結ぶ》→眉をひそめる）

2. a ．гар（《かたい手の》→けちな）b ．цээж（《胸のよい》→記憶力のよい）c ．хөл（《足の多い》→往来の激しい）d ．хуруу（《指を加える》→力を貸す）e ．ташаа（《わき腹を支える》→えらそうにする，威張る）

3. a ．гэдэс（《腹が出る》→満腹になる）b ．зүрх（《心臓を失う》→おじける，臆する）c ．ходоод（《狼のような胃をした》→腹をこわさない）d ．бөөр（《睾丸("腎臓"が原義)を取る》→子供を叱ってこわがらせる）e . элг（《肝臓がしびれるほど大笑いする》→抱腹絶倒する）

12. I .1. мэгц（あなたが来たらすぐ私は出かけます）2. хад（私がここにいるとき，あなたをたずねて2人の人が来て行きました）3. хлаараа（よく考えて後で思い出したらすぐあなたに言いましょう）4. хдаа（太郎はモンゴルで勉強しているとき学生寮に住んでいました）5. мэгцээ（私は来たらすぐ君に電話します）6. хлаар（あなたが行くととても寂しくなるよ）

II .1. 省略

2. a. гол (川←《舌がないのにぶつぶつ言う，足がないのに走る》)
   b. цуурай (こだま←《すべての言葉で話す人，すべて誰をもまねる人》)
   c. ном (本←《知っている者には賢い斑点，知らない者にはまだらの斑点》)
   d. шумуул (蚊←《とまっているのは鳥のよう，むさぼっているのは狼のよう》)
   e. үхэр (牛←《前にフォークあり，中に皮袋あり，後ろに鞭あり》)

13. I. 1. даг (私は小さい頃，毎晩9時にいつも寝ていました)
    2. сан (私が家に帰ると，うちの子供たちはいつももう寝てしまっています)
    3. ж (ドルジが来たとき，私は寝ていました)
    4. аад (私は彼がちょうどやって来るまでずっと本を読んでいました)
    II. 1. аад (あなたはこれを訳すことができないんですか。どれ，私が今訳してみましょう——はい，お願いします。ああ，よかった)
    2. схий ([カメラマン] 皆さん，少し近づいてください。さあ，取りますよ。…はい，結構です)
    3. чих (君はなぜ最近私に電話をしなくなってしまったの。——何でもありません。最近暇がなかったんです)

14. I. 1. өвөл (冬←《純白色(貝のように白い)》…雪の色を指す)
    хавар (春←《黒土色(暗褐色の)》…雪のとけた土の色を指す)
    зун (夏←《深緑色(鮮やかな緑)》…草木の色を指す)
    намар (秋←《黄土色(赤褐色の黄)》…紅葉の色を指す)

2. a. Өвл (《冬の花，昼の星》→非常にまれであることのたとえ。「雨の夜にも星」の類)

　b. Намар (《春植えなければ秋収穫はない》→時機を逸すると成果が得られないことのたとえ。「物には時節」の類)

　c. Хавр (《春の天気はしっと深い》→モンゴルの春の天気は急変しやすいことのたとえ。「男心と秋の空」の類)

　d. Зун (《夏の月は6ヶ月もない》→モンゴルの夏の季節は短いことのたとえ。「善は急げ」の類)

II. 1. ～ бодол (考え) 2. учир ～ (理由) 3. ～ заяа (運命) 4. ой ～ (森林) 5. ～ шунахай (貪欲な) 6. нягт ～ (慎重な) 7. ～ богино (長さ) 8. өндөр ～ (高さ) 9. ～ зод (木など) 10. хонь ～ (羊など) 11. ～ тэгшхэн (真っ平らな) 12. ав ～ (全く同じ)

15. I. 1. шүү, байхаа (ロブサンドルジ先生が来られたよ。君はお会いすると言ったでしょう。――そうです。)

　2. байхгүй юу, байз (私はとても映画が好きな人なんですよ。――ああ，そうなの。それじゃ，今度暇なときに一緒に映画を見ましょうね)

　3. даа, байлгүй дээ (バルダンはエンフトヤーと再会したんだろうね。――あの2人はきっと会ったはずだよ)

　4. биз, шүү (君の捜していたあの本はこれじゃないんでしょ？――どれ，見ましょう。…ちがいます。でも非常によく似ていますよ)

　5. байхаа, шив дээ (あのおじいさんはもうだいたい70にはなっているでしょう。――ああ，それじゃ，本当にお元気そうですね)

II. 1. хэнийх, минийх (この鉛筆は誰のですか。――これは私

のではありません，私の兄のです) 2. Манайхан (おたくは何人家族ですか。——うちは5人です) 3. Танайх (おたくはどこにありますか。——うちは大阪市にあります) 4. тэднийд (ドルジ家は最近，新居に移りました。——私は彼のところに明日行くつもりです) 5. манайхаар (今度暇なときに，うちにおこしください。——どうもありがとう) 6. хэнийхийг (私は誰のも使っていません，ただ自分のものだけを使っているんですよ) 7. Түрүүчийнхийг (この間のよりも今日の映画の方が私には本当にすばらしかったです。)

16. I. 1. гучаад (1930年代にモンゴルでラテン文字を使っていました) 2. Зургадугаар または Зургаан (あなたの誕生日はちょうどいつですか。——6月24日です) 3. Дөрөвдэх (今日は何曜日だったっけ。——木曜日です) 4. тавуулаа (あなたは兄弟が多いですか。——多いです。5人兄弟です) 5. Есдүгээр (これは第何課ですか。——第9課です) 6. гурвуулаа (今週の土曜日3人で一緒に映画を見ましょう) 7. хоёрдахь (私はここが今回2度目です) 8. арваад (この国際陸上競技試合におよそ10ヶ国から選手たちが来ています) 9. Долдугаар (ドルジ家はこのアパートの何階にありますか。——7階です)

 II. 1. a. хар b. шар c. цагаан d. улаан e. хөх f. цагаан g. хар h. шар i. хөх j. улаан
  2. a. ногоон b. ягаан c. цэнхэр d. бор e. саарал

17. I. 1. билүү (私たちは5年前の会議でお会いしましたっけ) 2. бол (スレンは昨日来なかったが，どうしたんだろうか) 3. билээ (今日あなたに手紙が来ていましたよ) 4. бол (明日天気はどうだろうか) 5. болов уу, болов уу (これは一体

219

何語の文字だろうか。中国語の文字だろうか，日本語の文字だろうか) 6. билүү, билээ (行こうかな。どうしようかな)

Ⅱ.1. Тээр, тэр 2. бүр, бүүр 3. тээр, тэр

18. Ⅰ.1. вч (冬の季節には耳当てが必要となります) 2. т, ч (日本の有名な作家の小説が私の興味をとても引いたよ) 3. лог (花子は油っこい食事がとても嫌いです) 4. лзгэнэ, тай (ここのいちごは本当においしいです) 5. хай, тан (ああ、君は何てぃやな やつなんだ) 6. гүй (これは彼に全く関係ない問題です) 7. саг (ドルジのおじいさんはお茶好きな人ですね) 8. чин (あなたのお父さんは牧民ですか) 9. хэн, лдэй (あの店にあるちっちゃな人形を買いたいんです) 10. рхаг (日本は山がちな国です) 11. мсэг (横柄な性格の人をみんなが嫌いです)

Ⅱ. 1. л (私たちはあなたのこの意見を完全に支持しています)

2. мж (これは私にとって本当に大きな教訓となりました)

3. үүр (洋服かけ [特にクロークの意で] はどこにありますか)

4. лан (彼のところは間もなく夏の保養地に出かけます)

5. нгүй (先進国首脳会談が開かれました)

6. мт (彼の話していることは何も根拠がありません)

7. лт (私は授業で先生の質問に完全に答えることができませんでした)

8. мхай (君は何て忘れっぽい人なんだ)

9. ээ (あなたは明日の天気予報を聞きましたか)

10. аач, г, мшиг (あの画家の描いた絵はとてもすばらしいです)

11. гой (あそこに立っている細長い顔をした人を君は知っていますか)

12. нхай, уу (レストランに1人のやせた背の高い若者が非

220

常に酔っぱらって入って来ました）

19. Ⅰ. 1. л（私に手伝ってもらいたいことがあれば遠慮なく言ってください）
　 2. т（私のシャツのえりが汚れています）
　 3. до（この靴は私には少し大きすぎます）
　 4. ж, p（《笑えば若くなる，怒れば年を取る》という言葉があります）
　 5. ш（すでに試験に落ちた以上，今さら後悔してもしようがないよ）
　 6. с（日は徐々に短くなっているようです）
　 7. ца（君はそんなにたくさん服を重ね着して暑くないんですか）
　 8. шро（インドの人口は毎年ふえそうです）
　 9. жир（モンゴルと日本の関係は，近年完全に良くなっています）
　 10. шаа（夏休みの宿題を非常にうまくやった生徒たちを先生はみんなの前でほめました）
　 11. рха（君は私にしっとしているんですか）
　 12. члθ（10年前と比べると，ここの生活は非常に変わってしまいました）
　 13. д（私は昨日彼に電話したところ，彼は家にいませんでした）
　Ⅱ. 1. нэ（オヨンがしょっちゅうつぶやいているのが何度も見うけられます）
　 2. жигно（小川の水がサラサラと音をたてています）
　 3. ла（カラスのカアカア鳴くのは縁起が悪いといった言い伝えがあります）
　 4. ра（《名が折れるよりも骨が折れろ》といった言葉を常に思い出してください）

221

5. гэнэ (授業が始まるベルがリンリン鳴っています)

6. хил (登り坂なので,非常にハーハー息切れしています)

7. л (君は昨日どうして歴史の授業をサボってしまったんですか)

8. хира (寝るときにすごいいびきをかくのは疲れた証拠です)

9. ги (激しい雨が突然ザーッと降りました)

10. ш (とてもびっくりしたために心臓がドキドキしています)

11. рө (雌牛や子牛がいっせいにモーと鳴いています)

20. I. 1. залхуу (《何事をするのも嫌いな》→なまくらな,なまけ者の)

2. даруу (《性格が静かで穏やかな》→おとなしい,控え目な)

3. зөрүүд (《人の忠告に従わないゆがんだ》→頑固な,強情な)

4. шудрага (《うそ偽りの性格のない》→正直な,誠実な)

5. онгироо (《極端に大きなことを話す》→威張った,自慢たらしい)

6. махруу (《非常によく努力する》→努力家の,がんばりやの)

7. зожиг (《人付き合いの悪い》→社交的でない,一匹狼の)

8. цайлган (《汚れのないきれいな心の》→純真な,心のきれいな)

9. харамч (《自分のものを他人にあげるのが嫌いな》→けちな)

10. хашир (《物事に注意深くふるまう》→用心深い)

II. 1. ойрто (нохойн дуу ойртох《犬の声が近づく》→物事が終わりに近づく,間近に迫る)

2. ид (будаа идэх《(人から)飯を食う》→(人に)たよる，(試験で)カンニングする)
3. наа (ичих нүүрэндээ илэг наах《恥じる顔にスエード皮を貼る》→恥知らずである，厚顔無恥である)
4. хагар (магнайгаа хагартал баярлах《額が割れるほど喜ぶ》→大喜びする)
5. хада (тэнгэрт хадах《天に昇る》→(物価などが)急に上がる)
6. өмсүүл (цаасан малгай өмсүүлэх《紙の帽子をかぶせる》→お世辞にほめる，おだてる)
7. хөш (элгээ хөштөл хөхрөх《肝臓がしびれるほど大笑いする》→抱腹絶倒する，腹の皮がよじれる)
8. хий (сав л хийвэл →しょっちゅう，いつも)
9. тата (уруу татах《下に引く》→悪へ引きずり込む，そそのかす)
10. тул (тэнгэр тултал магтах《天にとどくほどほめる》→ほめちぎる，べたぼめする)
11. улай (данс улайх《帳簿が赤くなる》→破産する，赤字を出す)
12. элээ (оймс элээх《靴下をすりへらす》→経験を積む)

各課冒頭に掲げたモンゴルの諺の説明

0. *Ажил хийвэл дуустал*　　　仕事をすれば終わるまで
   Давс хийвэл уустал　　　　塩を入れれば溶けるまで
   いったん着手したら，何事も最後まで責任をもってやり遂げなければならない，という意味。

1. *Нэг өдөр танилцаж*　　　一日知り合い
   Мянган өдөр нөхөрлөнө　　千日友となる
   千秋の友も一日の知己より始まるというたとえから，一般にどんなに長い付き合いもまず出会いから始まるものだから，人の出会いは特に大切にしなければならない，という意味。

2. *Ганц мод гал болдоггүй*　　一本の木は火にならない
   Ганц хүн айл болдоггүй　　一人の人は家族にならない
   人間は一人では生きていけない，必ず協力していかなければならない，という意味。「単糸線を成さず」の類。

3. *Ганцаараа идсэн гахай таргалахгүй*
   Олуулаа идсэн оготно турахгүй
   　　　　　　　　　一人で食べた豚は太らない
   　　　　　　　　　大勢で食べた野ネズミはやせない
   食事は一人ではおいしくなく，大勢で食べた方がおいしく感じられるものだ，という意味。「鯛も一人はうまからず」の類。

4. *Танилтай хүн талын чинээ*
   Танилгүй хүн алгын чинээ
   　　　　　　　　　知り合いのある人草原の如し
   　　　　　　　　　知り合いのない人掌の如し
   知り合いの多い人ほど人生はより広く豊かなものになる，という意味。

5. *Муу явахад нөхөр хол*　　　悪いときは友人は遠い
   Сайн явахад садан ойр　　　良いときは親類は近い
   人は暮らし向きが悪くなると，友人さえも疎遠になり，逆に暮らし向きが良くなると，親類までもが親密になるものである。このことから，一般に人間は現金で薄情なものだ，という意味。「貧家には故人疎し」の類。

6. *Усыг нь уувал*　　　その水を飲めば
   Ёсыг нь дагадаг　　　その慣習に従う
   その土地へ行ったら，その土地の慣習に従わなければならない，という意味。「郷に入っては郷に従う」の類。

7. *Эдээр биеэ чимэхээр*　　　物で自らを飾るよりも
   Эрдмээр биеэ чим　　　学で自らを飾れ
   物や服で自らを飾るよりも，学問や学識で自らを飾る方が人生においてはるかに有意義なことである，という意味。「学問は一生の宝」の類。

8. *Сиймхий ч гэсэн гэр минь*　　ぽろぽろであってもわが家
   Сэгсгэр ч гэсэн ээж минь　　ぽさぽさであってもわが母
   たとえ貧しくとも，故郷にはゆっくりくつろげるわが家があり，こよなく愛するわが母がいるというたとえから，一般に世界広しと言えども，結局は自分の生まれ育った所が一番良い，わが家にまさる所はない，という意味。「我が家楽の釜盥」の類。

9. *Хүний хэрэг бүтвэл*　　　人の事がうまく行けば
   Өөрийн үйлс бүтнэ　　　自分の行いもうまく行く
   人に徳を施せば，いずれは必ず自分に返ってくるものだ，という意味。「情けは人の為ならず」の類。

10. *Аавын бийд хүнтэй танилц*
    Агтны бийд газар үз

    　　　　　　　　　父のいるときに人と知り合え
    　　　　　　　　　馬のいるときに土地を見ろ

    父がいるうちにできるだけ多くの人と知り合い，馬がいるうちにできるだけ多くの土地を見ることは，牧民にとって将来自立して生きていくための大切な生活の手段である。このことから，一般に好機を逸することなく早いうちから自立するすべを学べ，という意味。

11. *Зовох цагт нөхрийн чанар танигдана*
    Ядрах цагт янагийн тар мэдэгдэнэ

    　　　　　　　　　苦しいときに友人の本性が知れる
    　　　　　　　　　困ったときに恋人の性分がわかる

    苦しいとき，困ったときにこそ，友人や恋人の本性がわかるものだ，という意味。「まさかの時(とき)の友(とも)こそ真(しん)の友(とも)」の類。

12. *Ам алдвал барьж болдоггүй*
    Агт алдвал барьж болдог

    　　　　　　　　　失言すればつかまえられない
    　　　　　　　　　馬を失えばつかまえられる

    なくした馬は取り戻せるが，失言は取り消せないというたとえから，一般に言葉は慎むべきである，という意味。「吐(は)いた唾(つば)は呑(の)めぬ」の類。

13. *Бөх хүн*　　　　　　　　力士も
    Бүдүүн өвсөнд бүдрэх　太い草につまずく

    いくら強い力士でさえ，太い草につまずいて倒れることもあるというたとえから，一般にどんなにその道に優れている者でも，時には失敗することがある，という意味。「猿(さる)も木(き)から落(お)ちる」

の類。

14. *Цаг цагаараа байдаггүй*
    Цахилдаг хөхөөрөө байдаггүй

    時は時のままではない
    菖蒲(しょうぶ)は青いままではない

    時は常に流れ，一瞬たりとも止まることはないし，また菖蒲もいつかは枯れ果て，常に青いままであることはないというたとえから，一般に世の万物は永久不変ではない，という意味。「有為転変(いてんぺん)の世の習(なら)い」の類。

15. *Зуу дахин сонссоноос*　　百回聞くよりも
    Нэг удаа үзсэн нь дээр　　一回見た方がよい

    人から聞いて耳にしたことは当てにならない，実際に自分の目で見た方が確かだ，という意味。「百聞(ひゃくぶん)は一見(いっけん)に如(し)かず」の類。

16. *Өргүй бол баян*　　借金なければ金持ち
    Өвчингүй бол жаргал　　病気なければ幸福

    借金がなければ，お金はたまり精神的に豊かになれ，また病気にかからなければ，肉体的に健康で幸福な生活が送れるものである。このことから，一般に借金と病気は，ないことがこの世で一番のしあわせだ，という意味。「借銭(しゃくせん)と病(やまい)は隠(かく)すな」の類。

17. *Дассан газрын*　　慣れた土地の
    Даавуу зөөлөн　　布はやわらかい

    どんな場所であっても，住み慣れれば居心地が良くなるものだ，という意味。「住めば都(みやこ)」の類。

18. *Хүний эрээн дотроо*　　人のまだらは内に
    Могойн эрээн гаднаа　　蛇のまだらは外に

    蛇はまだら模様が外にあるので，見てすぐにわかるが，人はま

だら模様，すなわち，よこしまな心が内にあるので，外からは見てわからない。このことから，一般に人の心の内は，外見からは判断できない，という意味。「人は見かけによらぬもの」の類。

19. Ⅰ. *Сайнтай нөхөрлөвөл сарны гэрэл*
    Муутай нөхөрлөвөл могойн хорлол

    善と親しくすれば月の光
    悪と親しくすれば蛇の毒

    人は付き合う相手によって良くもなれば悪くもなる，人は交際する友に感化されるものだ，という意味。「朱に交われば赤くなる」の類。

    Ⅱ. *Ой мод урттай богинотой*
    Олон хүн сайнтай муутай

    森林には長いのも短いのもある
    多くの人には良い人も悪い人もいる

    世の中にはいろいろな人がいる，人はそれぞれ異なるものだ，という意味。「十人十色」，「玉石混淆」の類。

20. *Амны бэлгээр*　　　　　口の吉兆で
    Ашдын жаргал　　　　　永遠の幸福

    一般に縁起の悪いことは口に出さないように戒めた表現である。これは，常日頃から縁起の良いことを言えば，将来，物事はすべて思い通りにうまくいくものだ，というモンゴル人の人生観の一端をよく表している。

著者紹介

塩谷 茂樹 [しおたに・しげき]

    1960年，石川県生まれ。
    大阪外国語大学地域文化学科，アジアⅠ講座モンゴル語，助教授。
    1991年，京都大学大学院文学研究科言語学専攻博士後期課程単位取得退学。
    1980-82年，モンゴル国立大学留学。
    専門，モンゴル語学。

E. プレブジャブ [Erdene PUREVJAV]

    1961年，モンゴル国ホブド・アイマグ出身。
    大阪外国語大学外国人教師。
    モンゴル科学アカデミー言語文学研究所研究員。
    1985年，モンゴル国立大学モンゴル語文学科卒業。
    専門，モンゴル語学。

目録進呈　落丁本・乱丁本はお取替えいたします。

平成13年6月10日　　Ⓒ第1版発行

初級モンゴル語	著　者　　塩 谷 茂 樹 　　　　　E.プレブジャブ 発行者　　佐 藤 政 人 発行所 株式会社　大 学 書 林 東京都文京区小石川4丁目7番4号 振 替 口 座　　00120-8-43740 電　話　　(03) 3812-6281〜3番 郵便番号112-0002

ISBN4-475-01851-X　　　　　写研・横山印刷・牧製本

大学書林

語学参考書

著者	書名	判型	頁数
小沢重男 著	現代モンゴル語辞典(改訂増補版)	A5判	976頁
小沢重男 著	モンゴル語四週間	B6判	336頁
小沢重男 編	モンゴル語基礎1500語	新書判	140頁
小沢重男 編	モンゴル語会話練習帳	新書判	188頁
小沢重男 著	モンゴル語の話	B6判	158頁
小沢重男 著	蒙古語文語文法講義	A5判	336頁
小沢重男 訳注	道	新書判	174頁
小沢重男 訳注	モンゴル民話集	新書判	122頁
竹内和夫 著	トルコ語辞典(改訂増補版)	A5判	832頁
竹内和夫 著	日本語トルコ語辞典	A5判	864頁
竹内和夫 著	トルコ語辞典(ポケット版)	新書判	544頁
竹内和夫 著	トルコ語文法入門	B6判	144頁
勝田 茂 著	トルコ語文法読本	A5判	312頁
水野美奈子 著	全訳中級トルコ語読本	A5判	184頁
松谷浩尚 著	中級トルコ語詳解	A5判	278頁
竹内和夫 編	トルコ語基礎1500語	新書判	152頁
松谷浩尚 編	トルコ語分類単語集	新書判	384頁
水野美奈子 著	トルコ語会話練習帳	新書判	238頁
勝田 茂 著	トルコ語を話しましょう	B6判	144頁
林 徹 アイデンヤマンラール 著	トルコ語会話の知識	A5判	304頁
竹内和夫 勝田 茂 訳注	トルコ民話選	B6判	234頁
土屋順一 訳注	40人の兄弟	B6判	340頁

— 目録進呈 —